入門

家族社会学

an introduction to sociology of family

永田夏来・松木洋人 編

新泉社

はじめに

　家族について考えるのは，簡単なようでじつは難しいものです。多くの人は家族についての経験や知識をもっていて，それにもとづき「こうすれば家族はうまくいくはずだ」「家族とはこういうものだ」と思いながら生活しています。そのような経験則が助けになることは，確かに少なくないかもしれません。しかし，困難に直面した場合どうでしょうか。あなたを助けていたはずの家族に関する経験や知識が，逆に自分や周囲を責める手段となってしまうのではないでしょうか。

　このような時には，自分が持っている常識や思い込みからいったん離れて，家族について客観的に考え直すきっかけが必要だと思います。それを提供できるのが家族社会学です。戦前からの蓄積をもつこの学問は，「家族とはどのようなものか」についてさまざまな角度から研究を深めてきました。身近なテーマである家族だからこそ，その成果に触れることは，ワクワクするような新しい発見に満ちています。

　家族社会学の面白さに接近する本は，これまでもたくさん出版されてきました。しかし，この本には，従来にはない次のような特徴があります。まず，現代的なトピックと家族社会学の成果を架橋していること。数字にもとづく「量的データ」と言葉などにもとづく「質的データ」の両

方を用いていること。そして，今日でも根強く残る家族主義を批判的に検討していることです。家族主義とは，さしあたって，育児や介護などの「機能」を家族に集約させようとする志向を指しています。これは「家族を大切にしたい」との価値観の表れともとれますが，それがかえって，家族を困難なものにしているのではないか。本書にはこのような思いが込められています。

　この本では，現在第一線で活躍する研究者に，それぞれの研究テーマと関連するトピックについて論じてもらいました。大学における講義やゼミでの教科書使用を念頭におき，初学者でも興味をもって読み進められるような工夫をしています。また，大切なテーマは繰り返し説明するなど，理解のしやすさにも配慮しました。どうぞ手にとって，家族社会学の世界に触れてみてください。この本が，これまでとは違う視点から家族を見つめ直すきっかけになれば，こんなに嬉しいことはありません。

編者　永田夏来

CONTENTS

はじめに 3
この本の構成とねらい 8

Part 1
家族社会学の基本をおさえる …………………………………… 13

1 | 日本社会の家族変動　松木洋人 ………………… 14
1　昔の家族はよかった？　14
2　家族変動を3段階で理解する　17
3　日本社会における家族のゆくえ　23

2 | 恋愛と結婚　永田夏来 ……………………………… 30
1　結婚に追われる現代社会　30
2　変化する結婚の中にある変わらなさ　31
3　低成長時代における結婚のこれから　43

3 | 家族の近代化と子育ての変容　野田 潤 ………… 46
1　大正時代の貰い子相談　46
2　子育ての多様性　48
3　近代の子育ての特殊性　51
4　現代に特有の子育て問題　53
5　子育ての近代と家族主義の限界　57

4 | 家族と介護　齋藤曉子 ……………………………… 65
1　家族介護の「愛」と「負担」　65
2　「介護の社会化」：介護保険制度と家族介護　68
3　家族介護の現状　70
4　介護の「再家族化」と家族介護者支援の動き　77
5　「べき論」を超えて見えてくるもの　79

Part 2

家族の今について
理解を深める ················· 83

5 | 社会階層と家族　吉田 崇 ················· 84
1 「子ども」の貧困　84
2 社会階層論の分析視角　86
3 家族と教育機会の問題　93
4 階層と家族のこれから　97

6 | 離婚, 再婚と子育て　藤間公太 ················· 101
1 離婚は子どもの「問題」の原因?　101
2 離婚, 再婚の動向　102
3 離婚, 再婚と子育て　108
4 離婚, 再婚の制度化に向けて　114

7 | 成人した子どもと親との関係　保田時男 ················· 118
1 親子関係は子育てで終わらない　118
2 中期親子関係への注目　119
3 現在の中期親子関係　125
4 取り組むべき課題　130

8 | 多様化するパートナーシップと共同生活　阪井裕一郎　133
1 結婚しない人が増えれば子どもは減るのか?　133
2 欧米社会における同棲の普及　135
3 日本における同棲と事実婚　138
4 同居の「家族主義」: だれと一緒に暮らすか?　143
5 共同生活を再考する: 家族を超えた連帯　146

Part 3

家族社会学の
幅の広さに触れる ················· 151

9 | 家族とお金と愛情　田中慶子 ················· 152
1 「家族」で暮らす・「家族」と暮らす　152

2　家族間の「お金」と「愛情」　154
　　　3　家族の「お金」を考える　158
　　　4　家族の変化・社会の変化とこれから　163

10 | 結婚差別問題と家族　齋藤直子 …………………… 166
　　　1　結婚における親の影響　166
　　　2　結婚差別問題　170
　　　3　家族主義と結婚差別　177

11 | セクシュアル・マイノリティにとっての子育て　三部倫子 … 181
　　　1　マイノリティの視点から捉え返す　181
　　　2　セクシュアル・マイノリティとしての子育て　182
　　　3　内では「ママ2人」／外では「パパとママ」　193

12 | 子育てひろばにおけるやりとりとつながり　戸江哲理 … 199
　　　1　「母親が問題だ」　199
　　　2　「母親の置かれた社会的環境が問題だ」　201
　　　3　母親どうしのつながりを手伝う　202
　　　4　会話分析はやりとりをどう捉えるのか　205
　　　5　やりとりにおける親しさ　206
　　　6　つながりのメカニズム　211
　　　7　家族（主義）を超える兆しを捉える　212

13 | ポスト工業化社会への移行から
　　 考える家族と政治　本多真隆 …………………………… 215
　　　1　家族と政治とは　215
　　　2　工業化社会における家族と政治　217
　　　3　ポスト工業化社会における家族と政治　221
　　　4　家族と政治の再編　226

　　おわりに　232

ブックデザイン───堀渕伸治©tee graphics

この本の構成とねらい

　この本は，家族社会学の入門書です。ですから，今この本を手にとってくださっているあなたは，なんらかの意味で，家族社会学に関心があるのだと思います。現在，大学で家族社会学を学んでいるのかもしれませんし，日々の生活を送る中で，家族について考えてみたくなったという方もいるかもしれません。

　いずれにせよ，この本はきっとみなさんのお役に立つと思います。とはいえ，みなさんがこの本から何を得ようとしているのか，家族のどういう側面に関心をもっているのかによって，その役立ち方もずいぶん変わってくるでしょう。ですので，ここではこの本の構成についてご紹介しながら，どこをどのように読んでいただきたいのかという編者のねらいを説明しておきます。

　この本は3つのpartにわかれています。
　part1は「家族社会学の基本をおさえる」です。
　ここでは，家族社会学が扱っているさまざまなトピックの中でも基本的な4つのトピックについて解説されています。具体的には，1章では家族の変化，2章では結婚，3章では子育て，4章では高齢者介護が取り上げられています。これらのトピックは，家族社会学という学問が成立した当初から現在に至るまで，重要とされつづけているものです。
　ですので，とりあえず家族社会学に興味をもっている，家族社会学はどういう学問なのか知りたいという方は，まずはこの4つの章に順番に目を通してみてください。同じ理由で，大学で「家族社会学」などの科目を履修していて，試験勉強やレポート作成の参考になる本を探してい

る方も，この4つの章を読んでおくとよいでしょう。そうすれば，家族社会学が何をどのように論じる学問なのかを理解することができるはずです。

　なお，結婚，子育て，介護のうちどれか1つに興味があるという方は，該当する章だけを読んでいただいても，もちろんかまいません。しかし，1章には，家族社会学が日本の家族のこれまでの変化とそのゆくえをどのような枠組みで理解しているのかという基本中の基本といってよいことが書かれていますから，この章はぜひあわせて読んでいただきたいと思います。

　次に，part 2は「家族の今について理解を深める」です。
　ここでは，当初から家族社会学で重要だとされてきたわけではないけれども，ある時期以降，注目されるようになっているトピックを取り上げています。
　現在の日本社会では，「当たり前の家族」を想定することが難しくなっています。多くの子どもが経済的に厳しい家庭環境の中で育っているということはよく知られるようになってきました。また，結婚することがないままに一生を終える人もいれば，いったん結婚しても離婚する人，その後に再婚する人もいます。同様に，子どもを産んで，子育てを経験する人もいればそうでない人もいます。つまり，最初の結婚相手と添い遂げて，その間に2人か3人の子どもをもうけるというかつては「当たり前」だったライフコースが「当たり前」ではなくなりつつあるのです。
　このような変化にともなって，現在の家族社会学では，家族をめぐる格差についての議論が盛んになっています。また，離婚や再婚，それを経験した家族による子育ても重要なテーマとして浮上しています。5章と6章を読めば，これらのトピックについて，その現状と研究の動向を把握することができます。
　また，親子関係の研究といえば，幼い子どものいる家族の親子関係と

高齢になった親とそれを扶養する子どもの関係の研究が中心ですが，現在では，その中間に位置する時期の親子関係にも注目が集まっています。その理由は，この中期親子関係と呼ばれる関係の長期化ですが，7章では，この比較的新しいトピックについて，これまでどのような議論がなされてきたのかが解説されています。

　8章では，同棲と事実婚を中心に多様なパートナーシップと共同生活のあり方を取り上げています。さきほど日本社会では「当たり前」の家族を想定することが難しくなっていると述べましたが，同棲カップルやその間に子どもが産まれることがめずらしくなくなっている欧米社会とくらべると，日本社会では，カップルが同居したり子どもを産んだりする際には結婚するという「当たり前」が非常に根強いです。このように，日本社会を他の社会と比較したり，また，日本社会の歴史をたどったりすることで，現在の日本の家族の特徴が浮き彫りになってきます。

　これらのトピックは，いずれも注目度は高いのですが，これまで家族社会学の入門書で取り上げられる機会はあまりありませんでした。ですので，家族社会学について基本的な知識はあるけれど，さらに学びを深めたいという方，現在，家族をめぐってどういうことが新たに重要なテーマになっているのかを知りたい方は，ぜひこれら4つの章を読んでみてください。また，それぞれのトピックについてレポートや卒業論文を書くことを考えている学生さんも，該当する章を読めば，わかりやすい見取り図を手にすることができます。

　最後に，part 3は「家族社会学の幅の広さに触れる」です。

　家族社会学を学ぶ方には，こういうトピックや視点にも触れてもらいたいと編者が考えたことを選んで，詰めこんであるのがpart 3です。その意味で，この本の持ち味がもっとも強く出ているpartでもあります。たとえば，9章は，「お金」という視点から家族にアプローチしています。家族とお金の関係は切っても切れないものですし，そこに関心がある人

は多いと思うのですが，家族社会学の入門書で1つの章が割かれることはまずなかったと思います。

　このことは，10章の部落出身者への結婚差別にもあてはまります。また，セクシュアリティをめぐる問題が扱われることはかなり多くなっていますが，11章のように，セクシュアル・マイノリティのカップルが子育てをする事例が具体的に取り上げられることはありませんでした。この2つの章はいずれもマイノリティとされる人びとの経験を扱っています。これらのトピックを選んだのは，もちろん現在の日本社会に存在する家族をめぐる差別に目を向けてもらいたいからですが，彼らが経験しているさまざまな困難から，日本の家族が直面している広範な問題が浮かび上がってくることにもぜひ注目してください。

　12章では，子育て支援という考え方がどのような理由で登場してきたのか，そして，それが実践される場所の1つである子育てひろばでは，どのようなやりとりが行われているのかが書かれています。母親どうしが家族を超えて形成するつながりをていねいに記述すること，これも家族社会学の研究になりうることを実感してもらえればと思います。

　13章は，家族と政治の関係，そして，社会構造の転換にともなって，その関係がどのように変化するのかを描いています。家族のような個人的だと考えられがちな事柄が，政治のような公的な事柄とつながっているという考え方は，社会学の基本的な認識ではありますが，非常に現代的なリアリティをもつものでもあることがわかります。

　なお，このpartには，「家族社会学」の授業を担当している方への編者からの提案という意味あいもあります。それぞれの章を読んで，ご自分でもそのトピックを授業で取り上げることを検討していただければありがたいです。もちろん，レポートや卒業論文で，結婚や親子関係などのオーソドックスなトピックとは違うことについて書きたい場合など，学生さんが読んでも刺激になると思います。また，インタビュー調査によって聞き取られた生活史がふんだんに盛り込まれている11章，映像

データの分析が行われている12章は，レポートや卒業論文のために質的調査をやってみようという学生さんにとっては，研究のまとめ方の参考例にもなるでしょう。

　それぞれのpartの位置づけやねらいは，これまで述べてきた通りですが，たとえば，3章，7章，4章の順番で読めば，子どもの成長にともなう親子関係の変化をたどることができますし，結婚に関心がある方は2章，6章，8章，9章，10章を，子育てに関心がある方は3章，6章，11章，12章をピックアップして読んでみてもよいでしょう。また，1章と13章は，どちらも家族の変化を長いスパンで理解するための枠組みを提示しています。さらに，日本の家族が抱えている問題を福祉レジームや家族主義という概念を用いて説明する考え方は，1章，3章，4章，6章，8章，10章，12章，13章など繰り返し登場することになります。このように3つのpartを横断しながら，それぞれの章をつなげて読むことによって，自分の理解を深めたり関心を広げたりしてほしいと思います。

　以上の通り，この本はいろんな読み方ができるようにつくられていますが，できることなら，ぜひすべての章に目を通してみてください。自信をもってそうお薦めすることができるくらい，この本には，家族社会学という学問の魅力，社会学的な視点から家族について考えることの楽しさが詰まっています。その魅力と楽しさをみなさんに伝えること，これがこの本の最大のねらいです。そして，このねらいが達成されるかどうかは，みなさんにしかわかりません。まずはページをめくって，ためしに1章を読みはじめてみましょう。

編者　松木洋人

Part 1

家族社会学の基本をおさえる

1

日本社会の家族変動

松木洋人
Matsuki Hiroto

1　昔の家族はよかった？

　日本の家族は，これまでどのような変化を経て，現在に至り，そして，これからどのように変化していくのか。本章の目的は，このことについて考えるための見取り図を提示することにある。
　家族とその変化の捉え方には，1つの典型的なパターンがある。たとえば，2012年に自由民主党が公表した「日本国憲法改正草案」の第24条の冒頭には，次のような記述がある。

　　家族は，社会の自然かつ基礎的な単位として，尊重される。家
　　族は，互いに助け合わなければならない。

　現行憲法の第24条は夫婦の権利が同等であることなどを定めたものであり，他の箇所にもこれに類する記述はないので，これは新設された条文である。「日本国憲法改正草案Q&A」の解説によると，このような規定を加えたのは，「家族は，社会の極めて重要な存在であるにもかかわらず，昨今，家族の絆が薄くなってきていると言われていること」を考慮したからだという。

ここでは，まず，過去の家族と現在の家族を対比したうえで，現在の家族のすがたが絆の薄さによって特徴づけられている。同時に，この対比のもとで，過去の家族は，強い絆をもっていたことが想定されている。さらにこのとき，強い絆で結ばれた過去の家族のすがたは，「あるべきすがた」として捉えられている。このように，漠然とイメージされた過去の家族を本来のあるべき家族のすがたと見なすノスタルジックな家族論は，この改憲案だけに見られるものではなく，現在の日本社会にかなりの程度，浸透しているといえるだろう。

　しかし，現在はノスタルジーの対象になっている過去の日本社会を生きた人びとは，同時代の家族やその変化をどのように捉えていたのだろうか。1953年に公開された「東京物語」という映画を例にとろう。小津安二郎監督の代表作で，国際的にも高い評価を得ている作品である。

　広島県の尾道に住む老夫婦，周吉ととみが，子どもたちの暮らす東京を訪れる。しかし，開業医の長男にも美容院を経営する長女にも，自分たちの生活があり，両親を東京見物に連れていくこともできないまま，数日が過ぎる。結局，会社を休んで，東京を案内するのは，戦死した次男の妻の紀子である。その後も，両親の扱いに困った長男と長女が，周吉ととみを熱海の旅館に送り出すなど，老親と実の子どもたちの心はなかなか通い合うことがない。

　尾道に帰ってからまもなく，とみは危篤状態になり，そのまま死去する。知らせを受けた長男と長女，大阪で働く三男は，尾道に駆けつけてくるが，葬儀が済むと，その日のうちに都会に帰ってしまう。そして，ここでも，妻を亡くした周吉の側に，数日の間，とどまることを選ぶのは紀子である。

　映画の終盤，その紀子も東京に戻るという日の朝，親元で暮らすまだ若い次女が，「他人どうしでももっとあたたかいわ。親子ってそんなもんじゃないと思う」と，兄や姉のふるまいへの不満を紀子にぶつける。紀子は「でも子どもって大きくなると，だんだん親から離れていくもんじゃ

ないかしら。……誰だってみんな自分の生活がいちばん大事になってくるのよ」となだめるものの，次女は「でもあたしそんな風になりたくない。それじゃあ親子なんて，ずいぶんつまらない」と受け入れようとしない。紀子はそんな次女への共感を示しながらも，「でもみんなそうなってくんじゃないかしら。だんだんそうなるのよ」と先ほどの主張を繰り返すことしかできない。

「東京物語」が同時代として描いた1950年代は，現在では，しばしばノスタルジーの対象になる。たとえば，安倍晋三は，1958年の東京を舞台にした2005年公開の映画，「ALWAYS 三丁目の夕日」（山崎貴監督）が多くの人に受け入れられたのは，「いまの時代に忘れられがちな家族の情愛や，人と人とのあたたかいつながり」を描いたからだと述べている（安倍 2006: 221）。しかし，小津も「日本の家族制度がどう崩壊するかを描いてみた」と振り返っているように（小津［1960］2001: 136），「東京物語」を貫いているのは，親子の強い絆が失われていくことへの諦めを含んだノスタルジーである。

このように，現在，家族を語る者が，過去の家族のすがたを美化する一方で，その過去に家族を語る者は，さらに過去の家族のすがたを美化する。家族という対象は，ノスタルジックに語られやすいものであるらしい。しかし，たとえば，女性に財産権や子どもの親権が認められなかった戦前の「イエ」制度をよしとするのでもないかぎり，「時代をさかのぼるほど家族がよくなる」と考えることはできない。つまり，家族の変化を現実に即したかたちで把握するためには，このようなノスタルジーとは異なる視点が必要になる。

家族社会学による研究では，家族の歴史的な変化を大きく3つの段階に分けて理解する。そして，この見方によるならば，過去のある時期に一般化した家族のすがたを「あるべきすがた」と捉えることが，家族に関する問題の解決を妨げているのが日本社会の現状なのである。

次節では，3つの段階に分けて家族の変動を理解するこの見取り図に，

できるだけ具体的な輪郭を与えていくことにする。

2　家族変動を3段階で理解する

2.1　近代家族の成立と大衆化：前近代社会から近代社会へ

　家族社会学は，社会学の一分野である。そして，社会学という学問は，ヨーロッパ社会が18世紀から20世紀にかけて経験していた社会構造の大きな変化の中で，その変化について考えるために生まれた。産業革命や市民革命に象徴されるこの社会の構造変動は，**近代化**と呼ばれ，この近代化によって，それ以前とは大きく異なる近代社会が成立する。このため，家族社会学にとっても，前近代社会とは異なる近代社会の家族の特徴が，重要なテーマになっている。この近代社会の成立とともに出現する新たな家族のあり方は，**近代家族**と呼ばれる（山田1994）。つまり，家族社会学の根本的な関心は，近代家族のありようとそのゆくえにあるといってよい。

　近代家族をどのように定義するかは論者によって異なるが，その重要な特徴の1つは，夫が稼ぎ手になり，妻は専業主婦になるという**性別役割分業**が行われることである。

　前近代社会では，大多数の人びとが農業で生計を立てている。農家では，女性も男性と一緒に働くのが当たり前であるから，一般的に前近代社会では配偶者のいる女性の労働力率は高い[注1]。そして，乳児のいる母親は農作業の合間に授乳をするなど，家事や育児は生産活動と明確に分離したものではなかった。しかし，産業化が進むと，農業人口が減少して，雇用労働者が増加する。この雇用労働者のうち，妻や子どもを養う収入のある男性が，「夫は仕事，妻は家庭」という性別役割分業型の家族を形成しはじめる。このように，社会の近代化により，配偶者のい

注1——ただし，女性の外出に関する制約が強いイスラム圏の社会などの例外はある。

る女性の労働力率は低下して，家庭で家事や育児に専念する主婦のいる家族が一般化していくのである（落合 [1994] 2004）。

　日本社会についていえば，明治期から農業人口の減少が始まり，第1回国勢調査が行われた1920年（大正9）には，第一次産業従事者の割合はすでに約54％に低下している。この大正期は，第一次世界大戦後の好況を背景として，新中間層と呼ばれるホワイトカラーのサラリーマンが都市部で増加した時期である。この新中間層の間で，夫が会社などで働いている間，妻は専業主婦として育児や家事を担当するという性別役割分業型家族が広がっていった。

　しかし，この「サラリーマンの夫＋専業主婦」という家族のかたちが日本社会で大衆化するのは，1955年から1973年まで続いた**高度経済成長期**のことである。戦後，農業人口の減少は加速し，1955年の第一次産業従事者割合は約41％であったのに対して，高度成長が終わった1975年には約14％にまで低下している。このようなさらなる産業化の進行に加えて，高い水準の経済成長によって男性労働者の収入が持続的に上昇した結果として，妻を専業主婦にする条件をもつ男性が増加した。日本では，年齢別の女性労働力率のグラフがM字型を描くこと，つまり，結婚や出産をきっかけにいったん退職する女性が多いことはよく知られているが，このM字の谷が最も深くなるのが1970年代半ばである。配偶者のいる女性に対する専業主婦の割合がピークを迎えるのもこの時期であり，1975年の専業主婦率は，20代後半と30代前半では約56％，30代後半でも約47％と半数近くに達している（岩上 [2003] 2013）。

　この高度経済成長期が，日本社会における近代家族の全盛期である。この時期には，前述したように，女性の主婦化が進んだだけではなく，子ども数の画一化が生じた（落合 [1994] 2004）。大正期前半に生まれた世代までは，子どもを産まない既婚女性も一定数いれば，4人以上の子どもを産んだ女性も多く，子ども数のばらつきが大きかった。しかし，高度経済成長期に出産の時期を迎えた1930年代生まれの世代からは，子ど

も数が2人もしくは3人の既婚女性が80%前後を占めることになる。さらに，この時期には，平均初婚年齢は，男性は27歳前後，女性は24歳前後と安定しており，生涯未婚率も5％に満たない。離婚率も明治以来，最も低い水準にあった。要するに，高度経済成長期には，「適齢期」に結婚して，妻は専業主婦になり，2人か3人の子どもを育てるという家族のすがたを多くの人が実現していたのである（落合［1994］2004）。

このように，前近代社会から近代社会への移行にともなって，性別役割分業を特徴とする近代家族が成立し，大衆化していく。これが3つの段階のうち，第1段階から第2段階への家族の変化である。

2.2　現代社会における近代家族の相対化

性別役割分業型家族の大衆化は，近代化によって生じた歴史的には新しい現象だった。多くの女性にとって，この家事や育児に専念する生き方は，生活のための労働からの解放という意味をもつものであっただろう。しかし，ここで重要なのは，性別役割分業型家族の大衆化は，その規範化をともなってもいたということである。たとえば，1979年に総理府が行った「婦人に関する意識調査」によれば，「夫は外で働き，妻は家庭を守るべきである」という考え方を肯定する人は，「賛成」が約29%，「どちらかといえば賛成」が約41%と，合計で7割を占めている。夫が稼ぎ手になり，妻は専業主婦になるという家族のすがたは，「あるべき家族のすがた」であると考えられるようになったのだ。

とはいえ，その後，この「あるべきすがた」は，必ずしも幸福を保障するものではないということが認識されるようになってくる。以下では，いったんアメリカ社会に目を移して，日本社会に先行して近代化した社会における性別役割分業型家族のゆくえを見定めておこう。

「クレイマー，クレイマー」（ロバート・ベントン監督）という1979年公開のアメリカ映画は，性別役割分業型家族が規範化することの問題を鮮やかに描き出している。

ニューヨークの広告代理店に勤めるテッドは，ある日，仕事を終えて帰宅すると，妻のジョアンナから別れを告げられる。2人の間にはビリーという5歳の息子がいるが，ジョアンナはビリーを置いて出ていったため，翌日から父と子の2人での生活が始まる。テッドは育児を専業主婦である妻に任せきりにしており，ビリーの学年もわからないほどだったが，慣れない育児と仕事との両立に苦労しながら，徐々にビリーとの関係を再構築していく。しかし，父子で暮らしはじめてから1年あまりがすぎた頃，ジョアンナから連絡があり，またビリーと一緒に暮らしたいという。テッドは彼女の言い分を受け入れず，2人は息子の親権をめぐって裁判で争うことになる。

　ここでは，まず，物語の発端となったジョアンナの行動に注目しよう。ジョアンナはビリーを残して，家を出た。自分を引きとめるテッドに対して，ジョアンナはこのままこの家で暮らしつづければ，いつか自分は窓から飛び降りてしまうと言っている。ジョアンナには仕事熱心な夫と愛する子どもがおり，これは日本では高度経済成長期に規範化した性別役割分業型家族のすがたそのものである。このような家族のすがたを実現しているにもかかわらず，彼女はそこから逃れねばならないと考えた。それはいったいなぜなのだろうか？

　当初，テッドは，妻が出ていった理由をまったく理解できずにいた。しかし，「僕が悪い子だったから，ママは出ていったの？」とビリーに問われて，ジョアンナが家を出た理由をテッドが説明する場面がある。そこで彼は，自分がジョアンナを「ある種の人」「ある種の妻」にしようとしつづけたことが理由だと述べている。自分はジョアンナが「ある種の妻」であるべきだと考えていたが，実際には彼女はそういうタイプではなかった。彼女が話し合おうとしても，耳を傾けることをしなかった。自分のことにだけ夢中で，自分が幸せならジョアンナも幸せだろうと考えていた。でも，ジョアンナがとても悲しい気持ちでいたことが今ではわかる，と。ジョアンナの法廷での証言によれば，彼女はテッドと結婚

するまでは出版社で仕事をしていたが，結婚を機に退職した。また働きたいとテッドに相談しても，彼はまともに取り合わず，ただ仕事に打ち込むばかりの夫から彼女の心は離れていったという。つまり，ここでテッドがいう「ある種の人」「ある種の妻」とは，家事や育児に専念する専業主婦のことにほかならない。要するに，妻は家事や育児に専念するという性別役割分業にテッドが何の疑いももたず，それを妻に無自覚のうちに押しつけていたことが，この夫婦のすれ違いの根本にある。ジョアンナが家を出たのは，そのような生き方の押しつけから逃れて，自分なりの生き方を取り戻すためだったのである。

　次に，突然，子育てを担うことになったテッドの苦労にも目を向けてみよう。ジョアンナがいなくなるまでは仕事のことだけを考えていればよかったが，学校への送り迎えや食事の準備など，子育てには手間隙がかかる。大事な仕事の期限が迫っていても，ビリーが熱を出せば，家に帰らねばならない。とてもジョアンナがいた頃のように，仕事だけに打ち込むわけにはいかない。そんなテッドの様子は，上司からすれば，「家族の問題」を職場にもち込んでいるようにしか見えず，彼はテッドの仕事ぶりへの不満を募らせていく。

　しかし，この上司が自分の「家族の問題」を職場にもち込まずにいられるのは，おそらく彼の妻が専業主婦として，家事や育児を一手に引き受けているからだろう。妻が幼い子どもを残して出ていけば，同様の問題に直面する男性はテッドだけではないはずである。つまり，彼らの職場は，性別役割分業型家族を前提にして成り立っており，その職場の第一線で働くことは，かつてのテッドのように，子育てを放棄することとほとんど等しい。同時に，おもな育児担当者であろうとすることは，職場の第一線から撤退することとほとんど等しい。このように，ジョアンナが家を出たことと，その後にテッドが仕事と育児の両立に苦労したことのどちらにも，性別役割分業型家族の規範化が深く関わっているのである。

ところで，日本に先行して近代化した西欧やアメリカ社会は，近代家族の大衆化をより徹底したかたちで経験しており，1950年のアメリカでは，既婚女性のうち賃労働に従事している者は4分の1にすぎなかった（Coontz 1997=2003）。しかし，1960年代になると，ジョアンナがそうであったように，「幸せな家庭」の象徴であるはずの専業主婦たちが，夫や子どもの世話をする豊かな家庭生活に必ずしも幸せを感じることができずにいるという「名前のない問題」を抱えていることが知られるようになる（Friedan［1963］1977=2004）。幸せな専業主婦というイメージに疑問を投げかけるこの発見は，性別役割分業の自明性を問い直す第二波フェミニズム運動の発端となった。また，この時期，先進諸国で，ポスト工業社会への変化，つまり，第二次産業主体の社会から第三次産業主体の社会への転換が進んだことが，女性の労働市場への参加を後押しする条件になった。「クレイマー，クレイマー」が公開された1979年には，20歳から60歳までの配偶者のいる女性の労働力率は約56％に上昇しており（Juhn and Potter 2006），まさに性別役割分業型家族が規範的に相対化され，女性の脱主婦化が進んでいた時期にあたる。その後，1999年には，同じく20歳から60歳までの配偶者のいる女性の労働力率は約72％に達しており（Juhn and Potter 2006），女性が結婚後も仕事をもつことが一般化している。

　このように，近代化とともに配偶者のいる女性の労働力率がいったん低下して，女性の主婦化が進んだ後，さらに現代社会に近づくにしたがって，配偶者のいる女性の労働力率は再上昇し，女性の脱主婦化が生じる（落合 2014）　注2。前近代社会のように農業に従事するのではなく，結婚後も雇用労働者として働く女性が増加することによって，性別役割分業型家族が多数派ではなくなっていく。つまり，近代家族が相対化されていく。これが3つの段階のうち，第2段階から第3段階への家族の変化である。この第1段階から第3段階までの歴史的推移を図示すれば，

注2——落合恵美子（2014）は，第1の近代と第2の近代という用語で時期区分を行っている。

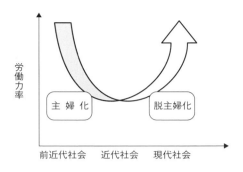

図1 配偶者のいる女性の労働力率の歴史的変遷
(出典：落合［2014: 536］を改変)

図1のようになる。

3　日本社会における家族のゆくえ

3.1　男性稼ぎ手モデルの持続とその帰結

　ここで日本社会に視線を戻すと，アメリカ社会ほどではないものの，配偶者のいる女性の労働力率は上昇している。2014年に総務省が行った「労働力調査」によれば，配偶者のいる女性の労働力率は40代後半で約71%と最も高く，新婚期や子育て期にあたる場合が多いと考えられる20代後半と30代前半においても，それぞれ約49%と約47%が働いている。配偶者がいても働く女性が増えた結果として，1990年代には共働き世帯の数が専業主婦世帯の数を逆転し，2014年には，共働き世帯の数（1077万世帯）は専業主婦世帯の数（720万世帯）を大幅に上まわっている。

　しかし，女性の雇用形態に着目すると，日本社会では，このような女性の労働力率の上昇が，男性と同様に稼ぎ手としての地位を得ることには必ずしもつながっていないことがわかる。「労働力調査」の結果によると，女性の雇用者のうち，パートやアルバイト，派遣社員などの非正規雇用者の割合は1985年から2013年にかけて，約32%から約56%に増加して

いる。その結果として，2009年の時点においても，配偶者のいる女性のうち，正規雇用に就いている者は約15%にすぎない（山田 2015）。このように，配偶者のいる女性の労働力率が上昇する一方で，女性労働力の非正規化が進行しており，正規雇用に就く女性がそれほど増えたわけではない。配偶者のいる女性の多くは，主婦業以外に仕事をもっているという意味では脱主婦化していても，夫の収入がなくても自分の生活が成り立つ仕事に就いているわけではなく，その収入は家計を補助するにとどまるという意味では，主婦的な働き方から脱却していないのである。

要するに，日本社会では，専業主婦のいる家族は減少していても，実際には多くの人びとが性別役割分業型家族を微修正したかたちの家族を形成している。言い換えれば，家族の中でおもな稼ぎ手になるのは夫であることを前提とする**男性稼ぎ手モデル**が強固に持続しているのである。そして，このことは，性別役割分業をその重要な特徴とする近代家族の相対化があまり進んでいないということでもある。

ここで注目すべきは，このような男性稼ぎ手モデルの持続が，結果として，人びとの家族形成を妨げていると考えられることである。

日本社会で少子化が続いていることは，よく知られている。女性が一生で産む子どもの数を推計した値である**合計特殊出生率**がおよそ2.07（この値は**人口置換水準**と呼ばれる）を下まわる状況が長期的に続くと，人口減少が生じる。日本社会では，1970年代半ばから出生率の低下傾向が続き，1975年に1.91と2.0を下まわった後，2005年には1.26を記録した。このため，同じく2005年から人口減少局面を迎えている。その後，緩やかな回復傾向にあるものの，2015年の値は1.46にとどまっており，人口が維持できる水準にはほど遠い。

少子化の要因についてはさまざまな議論があるが，その有力な説明の1つは，男性と同様に稼ぎ手として働きつづけるという選択肢が多くの女性にとって現実的なものになっていないことが少子化を推し進めているというものである（筒井 2015; 山田 2015）。高度経済成長期には男性労働

者の収入が持続的に上昇することを期待できたが，その後，低成長状態が長く続く中で，男性の収入は伸び悩み，とくに1990年代後半以降は，非正規雇用で働く男性も増加している。このことは，妻を専業主婦にできる条件を備えた未婚男性が希少価値のある存在になることを意味している。このような状況では，女性は自分も稼ぎ手として働きつづけることが現実的な選択肢になっていないかぎり，充分な収入のある相手が見つかるまで結婚を先延ばしにすることになりやすい。結果として，**未婚化・晩婚化**が進み，結婚していない男女が子どもをもつことが非常に少ない日本では，未婚化・晩婚化が進めば少子化も進むことになる。

　しかし，もし女性が結婚・出産後も充分な収入をともなう仕事を続けることができるのであれば，相手の男性の収入だけで家族を養うことができなくても，共働きで家計を支えつづけるという選択が可能になる。実際，男性の雇用の不安定化は多くの先進諸国に共通する現象であるが，アメリカやスウェーデンなどの社会では，結婚・出産後も女性が稼ぎ手として雇用労働に従事しつづけることが可能な社会環境が形成された結果，共働きで家計を維持するカップルが増加しており，それにともなって，出生率も回復している。つまり，「女性が働くから結婚しなくなった。子どもが生まれなくなった」という主張がかつては盛んになされていたが，少なくとも現在の先進諸国においては，女性の労働は結婚生活を妨げるものではなく，結婚生活を成り立たせるものに変化している（筒井2015）。これに対して，日本社会ではこのような性別役割分業型家族の相対化があまり進まなかったことが，カップル形成や子どもをもつことを妨げる結果になっているのである。

3.2　近代家族の相対化は進むのか

　それでは，日本で女性の稼ぎ手としての労働参加が進んでいないことには，どのような理由があるのだろうか。

　まず，近年，よく指摘されるのは，女性の専業主婦指向の復活である。

たとえば，内閣府による世論調査の結果を見ると，「夫は外で働き，妻は家庭を守るべきである」という考え方に賛成する人は1979年から2009年まで一貫して減少していたが，2012年には賛成する人が約52％と，2009年の約41％からかなりの増加を示している。その後，2016年には約41％に低下しているものの，これまでの継続的な減少傾向に歯止めがかかったことや，そもそも現在でも4割前後の女性が性別役割分業規範を支持しているということは，個人レベルにおける男性稼ぎ手モデルの根強さを意味するものである。このような価値観が強いほど，当然，結婚している女性の稼ぎ手としての就労は抑制されることになるだろう。

とはいえ，注意しなければならないのは，女性の稼ぎ手としての就労の抑制は，社会制度のレベルで男性稼ぎ手モデルが持続していることによってもたらされてもいるということである。たとえば，日本の企業における正社員の働き方は結婚している女性を排除する効果をもっている（筒井 2015）。日本企業は，基幹労働力として採用した者に対して，職務内容，勤務地，労働時間という3つの面での無限定性を要求する。つまり，いったん正社員として雇われたら，どういう仕事を担当するのか，どこで働くのか，どれくらい働くのかは会社が決めることが当たり前になっている。日本の労働者は，この無限定性を受け入れるかわりに，自分や家族が生活できるだけの賃金と安定的な雇用を手に入れることができる（筒井 2015）。しかし，このような無限定な働き方は，独身者や専業主婦を妻とする男性には可能であっても，配偶者や子どものいる女性にとっては継続することが容易ではない。

男性のみがおもな稼ぎ手になるという前提は，労働慣行だけではなく，税制や社会保障制度にも見られる。そのよく知られた例が，配偶者控除と第3号被保険者制度である。前者は，給与収入が103万円以内の配偶者がいる場合には，所得税と住民税の負担が軽くなるという仕組みである。後者は，サラリーマンを中心とする国民年金の第2号被保険者の配偶者は，その年収が130万円を超えないかぎり，自分で保険料を負担しな

くても，第3号被保険者として年金の支給を受けられるという制度である。これらは「103万円の壁」「130万円の壁」と呼ばれているように，非正規雇用で働く女性が収入を伸ばす妨げになるだけではなく，夫のみをおもな稼ぎ手とする家族を経済的に優遇するものである。

　このように，日本のさまざまな社会制度では，夫のみがおもな稼ぎ手になるという家族のすがたが前提とされつづけている。そして，これらの制度が批判を受け，何度か見直しを検討されながらもこれまで維持されてきたのは，夫が稼ぎ手になる一方で，子どもや高齢者のケアは妻が担うという家族のすがたこそが「あるべきすがた」であるという考え方が根強いからだろう。しかし，先述したように，このような性別役割分業型家族は，実際には近代化という大きな社会変動の過程で，日本では高度経済成長期になって大衆化したものである。にもかかわらず，それがあたかも日本の家族の本来のすがたであるかのように誤認される。つまり，「近代家族の伝統化」が生じているのである (落合 2014)。

　重要なことは，このように特定の家族のすがたを特権化するのではなく，性別役割分業型家族をつくりたいという希望と夫婦が共に稼ぎ手になる家族をつくりたいという希望とが平等に尊重される必要があるということである。そして，それは子どもや高齢者のケア責任がその家族，実際にはほとんど妻や娘にあることを前提とする家族主義的な政策から脱却する必要があるということでもある。具体的には，無限定な働き方を是正する労働政策を通じて，職務内容，勤務地，労働時間を限定しても正社員として働くことができる仕事を増やすことや質の高い保育・介護サービスを保障することなどによって，稼ぎ手として働きたいという女性の希望を実現する環境を整えることが求められる。

　最後に，前節で取り上げた「クレイマー，クレイマー」の物語に戻ろう。ジョアンナが家族で暮らしていた部屋を出たとき，夫婦の気持ちは通い合っておらず，父親は息子のことに無関心で，母親は自分と一緒にいることは息子のためにならないと感じていた。しかし，テッドが子育てを

担うことで，父子の関係は深まり，テッドは出ていかざるをえなかったジョアンナの心情を理解するようになる。ジョアンナは息子から離れて生活することで，子どものほかにも生きがいを必要とするからといって，母親失格だというわけではないこと，そして，自分が息子を愛していることに気づく。さらに彼女は，裁判の過程で，テッドがかつてのように無関心な父親ではなく，ビリーのことを最優先していることを知り，母親である自分と暮らすことが息子のためだという考えを変えることになる。要するに，クレイマー家の3人は，子育ての責任を母親のみに背負わせる性別役割分業規範が相対化されていないことによってバラバラになり，この規範から距離をとることで，相互の理解と関係が深まったのである。

多くの人が，家族をつくること，そして，その家族が強い絆で結ばれ，助け合うことを願う。しかし，この願いは，性別役割分業型家族という特定の家族のすがたを自明視することや家族の助け合いを前提とすることによって実現できるものではない。そのような家族主義的な政策や規範は，かえって人びとの家族形成や家族の相互理解を妨げる結果になりかねない。むしろ，人びとの家族形成を支えようとするのであれば，家族をケアする責任から女性を解放する政策によって，女性の稼ぎ手としての労働参加を可能にすることが必要になる（Esping-Andersen 2009=2011）。また，家族が互いのことを理解したうえで助け合うことを願うのであれば，特定の家族のすがたのみを良しとする規範から人びとが距離をとることも重要である。このように近代家族が相対化され，さまざまな家族のすがたが等しく尊重される社会を実現できるかどうか。日本社会の家族のゆくえは，この点にかかっているといってよいだろう。

参考文献

安倍晋三，2006，『美しい国へ』文藝春秋．

Coontz, Stephanie, 1997, *The Way We Really Are: Coming to Terms with America's Changing Families*, New York: Basic Books.（＝2003, 岡村ひとみ訳『家族に何が起きているのか』筑摩書房）

Esping-Andersen, Gøsta, 2009, *The Incomplete Revolution: Adapting to Women's New Roles*, Cambridge: Polity Press.（＝2011, 大沢真理監訳『平等と効率の福祉革命――新しい女性の役割』岩波書店）

Friedan, Betty,［1963］1977, *The Feminine Mystique*, New York: W. W. Norton & Company.（＝2004, 三浦冨美子訳『新しい女性の創造　改訂版』大和書房）

岩上真珠,［2003］2013,『ライフコースとジェンダーで読む家族　第3版』有斐閣.

Juhn, Chinhui, and Simon Potter, 2006, "Changes in Labor Force Participation in the United States," *Journal of Economic Perspectives*, 20（3）: 27-46.

落合恵美子,［1994］2004,『21世紀家族へ――家族の戦後体制の見かた・超えかた　第3版』有斐閣.

―――, 2014,「近代世界の転換と家族変動の論理――アジアとヨーロッパ」『社会学評論』64（4）: 533-552.

小津安二郎,［1960］2001,「映画の味・人生の味」田中眞澄編『小津安二郎「東京物語」ほか』みすず書房, 136-139.

筒井淳也, 2015,『仕事と家族――日本はなぜ働きづらく, 産みにくいのか』中央公論新社.

山田昌弘, 1994,『近代家族のゆくえ――家族と愛情のパラドックス』新曜社.

―――, 2015,『女性活躍後進国ニッポン』岩波書店.

2

恋愛と結婚

永田夏来
Nagata Natsuki

1　結婚に追われる現代社会

　2014年より『Kiss』(講談社)に連載されている『東京タラレバ娘』は,「そんなにイケてないはずじゃなかったのに気がついたらアラサーになっていた」という女性3人の「東京オリンピックまでに結婚する」という目標をめぐるドタバタを支柱とした,東村アキコによる漫画作品だ。「綺麗になっ"たら"いい男が現れる」「好きになれ"れば"ケッコンできる」との"タラレバ"を繰り返しながら仕事や恋愛に翻弄される主人公たちに賛否両論が巻き起こり,累計発行部数260万部を突破して,2016年にはテレビドラマ化もされた。

　本作が反響を得た背景のひとつに現代女性が直面している「生きにくさ」への接近があるだろう。フリーランスの脚本家として身を立てている倫子,表参道でネイルサロンを経営する香,父が営む原宿の居酒屋を手伝う小雪の3人からなる「タラレバ娘」は都会的なライフスタイルを謳歌していて,エステやファッションなど煌びやかな消費を享受するキャラクターでもある。しかし彼女たちの恋愛は決してスムーズではない。彼氏と一緒にいると妙に気疲れするのだが,このまま結婚して良いのか。別れたはずの交際相手とズルズル関係をもってしまう。相思相愛

の相手にめぐり会えたと思ったら，じつは既婚者だった。これらエピソードから読者が見出す「生きにくさ」の正体とは，誰もが認める「正解」など存在しないという諦めを抱えながらも，自分の人生に納得できるように努力したいという焦燥感にあるといえそうだ。

経済的自立や性の解放などを経て自由に人生を選べるようになったはずの現代女性は，なぜ結婚や恋愛となると「生きにくさ」に直面してしまうのか。その理由にはさまざまなものがあると考えられるが，本章では戦後の日本に見られる結婚の変化と変わらなさに注目して，結婚や恋愛の現状について論じていきたい。

2 変化する結婚の中にある変わらなさ

2.1 見合い結婚と恋愛結婚

戦後の日本における恋愛と結婚について考える際には，基本として押さえておきたいデータがいくつかある。まずは見合い結婚と恋愛結婚の推移から確認しておこう。国立社会保障・人口問題研究所「第15回出生動向基本調査（結婚と出産に関する全国調査）」によれば，戦前は婚姻のうち7割程度を占めていた見合い結婚だが，戦後に減少しはじめ，1960年代の後半に見合いと恋愛の逆転が生じている。その後一貫して恋愛結婚が上昇しつづけ，現在では全体の9割程度を恋愛結婚が占める状況となっている。

見合い結婚から恋愛結婚への移行に家族社会学者が注目するのは，この変化を「イエ」制度の弱体化の反映と見なすこともできるからだ。

日本の婚姻を歴史的な観点から類型化した姫岡勤は，農・漁村などで広く見られていた結婚のあり方を共同体主義的結婚，武家などに見られる家格を重視した結婚を家族主義的結婚 注1，戦後に普及した恋愛による結婚を個人主義的結婚と呼んで区別している（姫岡 1966）。年長の男性が父親の家督を継ぎ，女性や未婚の子などはそこに従属するという家

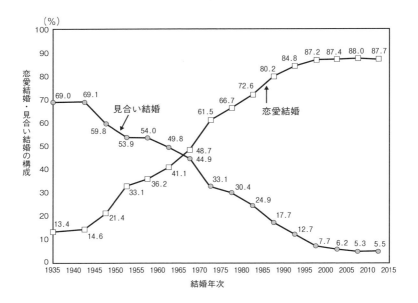

図 1　結婚年次別にみた恋愛結婚・見合い結婚構成の推移
（出典：国立社会保障・人口問題研究所［2016］）

父長制を基盤としているのが家族主義的結婚だ。そこでは，夫婦の仲むつまじさなどは期待されておらず，新しい「イエ」の家風に習熟して義両親に仕え，世継ぎを産むことが嫁の務めとされている。このような家族像を「日本に古くから伝わる，伝統的な家族」だと私たちは考えがちだが実際は違うと姫岡はいう。多くの庶民が，同じ地域で生まれ育ったよく知る相手と婚前交渉を含んだ親密な関係を築き，その中でマッチングをはかるという共同体主義的結婚をもっと古くからしていたためだ。共同体主義的結婚は，家族主義的結婚にくらべれば男女が同等である，互いの家に通うという形で緩やかに交際がスタートする，離婚や再婚のハー

注 1 ――ここでいう「家族主義」は「イエ」を重視するという意味であって，家族を最優先するという意味での「家族主義」とは異なるので注意すること。

ドルが比較的低い，といった特徴がある。

　家族主義的結婚に対して「日本に古くから伝わる，伝統的な家族」だとの誤解を私たちがもつようになった契機が，1898年（明治31）に制定された旧民法に求めることができそうだ。旧民法は家族主義的結婚を前提としたものであったが，一部の支配層による風習を伝統とみなしたうえで制度化することは，ナショナリズムのイデオロギーを構築するという効果もある。日本が近代国家になる過程は，従来庶民には無縁だったはずの家族主義的な結婚が法律を媒介して根づいていく過程としても読み解くことができるのだ。

　戦後の憲法は，個人の選択と両性の本質的平等に立脚したものとして結婚を再定位した。家族主義的結婚の象徴としての見合い結婚がどのように衰退し，個人的選択の象徴である恋愛結婚がどのように普及したのかを家族社会学者が追う理由は，このような背景によるものである。

　共同体主義的結婚から家族主義的結婚，見合い結婚から恋愛結婚という結婚の変化を見てきて確認できるのは，結婚に至る過程やそれを決定する主体の変化である。しかし，目的に注目した場合はどうだろう。共同体主義的結婚は，農業や漁業をつつがなく行い生活と秩序を維持するという前提をもつ結婚である。家族主義的結婚も同様に，生活の基盤である「イエ」制度という秩序を維持するための結婚であった。社会制度と秩序の維持が目的となっているという意味では，これらは同一の結婚といえるのではないだろうか。現在の恋愛結婚はこれとは異なり，個人の幸福や親密さが目的とされているはずだ。だが，現在の結婚も親をはじめとした周囲の意向が強く反映されているという現状もある。戦前から現在まで結婚の目的は一貫して生活と秩序の維持であり，個人の親密さはその次に優先されるとするのであれば，ここに結婚の変わらなさを見出すことができるだろう。

2.2 婚姻と出生

戦後の結婚について概観するための基本的なデータとして，出生数の推移・合計特殊出生率と婚姻件数・婚姻率の推移を見ておこう。

合計特殊出生率とは15〜49歳までの女性の年齢別出生率を合計して求められる人口統計上の指標で，一人の女性が一生の間に産むと想定される子どもの数に相当する。今日結婚を考える際に必ず言及される少子化とは，丙午(ひのえうま)の影響で極端に低調となった1966年の1.58を割り込んだという1989年の合計特殊出生率に端を発している。日本における現在の人口置換水準は2.07とされているが，これを下まわっている現在，今後日本の人口は減少していくものと予想される。政策によってそれを食い止めるようとするのが少子化対策の前提だ。

戦後の第1次ベビーブームをピークに下降傾向にある合計特殊出生率と異なり，出生数は1970年代前半に2回目の上昇を示している。これは，第1次ベビーブームに生まれた「団塊の世代」がいっせいに結婚をし，子どもをもった影響とみられている。出生数と死亡数の差である自然増加に注目した場合，公衆衛生や医療，栄養状況の改善，労働環境の変化，教育の普及といった近代化の影響を受け，多産多死から多産少死を経て少産少死へと人口動態が変化することが知られる。戦後に生まれた「団塊の世代」が成人して子どもをもつ期間は戦後の高度経済成長期と重なるが，こうした人口動態の影響を受け，生産活動の中心となる15歳以上65歳未満の人口が多かったことは経済成長の背景として押さえておく必要があるだろう。

出生数や合計特殊出生率の上昇と低下は先進諸国ならば必ず経験する変化で，日本だけが例外というわけではない。しかし，こうした変化に先進諸国があえいでいたのは1990年代までで，スウェーデンやデンマークなどの北欧諸国はもちろん，フランスやイギリスにおいても近年回復傾向にあることが知られている。OECD28カ国の1980〜2009年の国際比較時系列データを分析した柴田悠は，先進国における平均的な傾向と

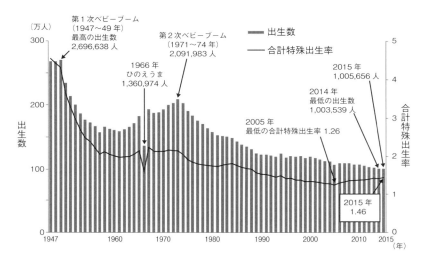

図2　出生数および合計特殊出生率の年次推移
(出典：厚生労働省［2016］)

して，保育サービスを中心とした子育て支援がその国の労働生産性，経済成長率，出生率を高める傾向にあることを指摘している（柴田 2016）。確かにイギリスやスウェーデン，フランスなどでは3％前後となっている家族関係社会支出の対GDP比は，日本ではわずか1％程度にとどまっており，家族手当や出産・育児休業給付，保育・就学前教育，現金や現物の給付などに工夫の余地があるのが実際だ。人口置換水準の回復に真剣に取り組むのであれば，こうした方向を検討する必要があるのは自明だといえよう。

2.3　「婚活」と未婚化・晩婚化

しかし，若者を中心に社会的関心を集めているのは，地道な子育て支援よりもむしろ「婚活」のように見える。「婚活」とは就職活動のアナロジーとしてつくられた「結婚活動」の略称で，より良い就職のために就職活動を行うのと同じように，より良い結婚を行うためには自主的な活動

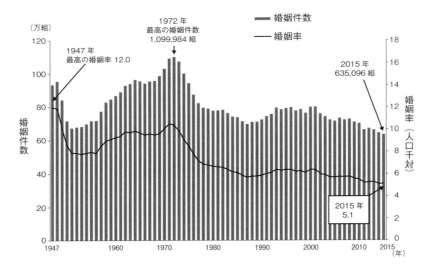

図3　婚姻件数および婚姻率の年次推移
（出典：厚生労働省［2016］）

が必要であるとの認識から，山田昌弘と白河桃子が提案した用語だ（山田・白河2008）。現在，民間でさまざまな「婚活事業」が展開されていて，経済産業省によればその市場規模は約600億円と推定されている。近年，自治体も婚活事業に乗り出しており，政府は2016年度に5億円，2017年度は概算要求で11億円を「婚活支援（地域少子化対策強化交付金）」として計上した。

　婚活支援が少子化対策として意味をもつと見なされるのは「出生率を上げるにはまず婚姻率を上げなければならない」「若者は結婚したがっているが自力では実現できない」との前提があるからだ。確かにこの2点は，日本の結婚を考察する際に踏まえておきたい論点である。

2.4　出生率と婚姻率

　日本の婚姻数・婚姻率においてまず目を引くのは，最大のピークを迎えている終戦直後の婚姻率であろう。この数字はいったん下降した後に

1970年代前半に向けて大きく上昇し，その後緩やかに下降して現在に至っている。図2と図3をくらべてみれば，婚姻数・婚姻率は出生数とほぼ同じ動きであることがわかるはずだ。これは，欧米や北欧諸国と異なり，日本における出生は婚外子が極端に少ないという特徴があるためである。フランスやスウェーデン，デンマークなどでは法的な結婚をしていない状況下での出生が多数を占めるが，日本でその割合はきわめて低く2％程度である[注2]。妊娠がわかってから結婚の届出をする**妊娠先行型結婚**は全体の出生のうち25％程度を占めていて，出産は法律婚の枠内で行うべきだとの前提が国内では強固に維持されていることが推察される。

結婚および離婚の変化と出生率との関係について分析した岩澤美帆によれば，2000年から2005年にかけて生じた出生率の低下のうち，初婚行動の変化の寄与は80％，結婚した夫婦の子どもの産み控えや子どもをもたない夫婦の増加といった夫婦間の出生行動による寄与は20％程度であった（岩澤 2008）。岩澤の分析を素直に政策に反映させれば，「出生率を上げるにはまず婚姻率を上げなければならない」との結論になるであろう。

しかし，この事実をどう評価するかには慎重な態度が必要だ。日本，フランス，韓国，スウェーデンの若者における結婚や出産の状況を比較した松田茂樹は，国ごとの結婚制度の違いをふまえてカップル関係を検討した場合，日本の既婚・同棲経験率は他の3国とくらべて遜色がないことを指摘している。法律婚を前提とする日本はカップル形成のハードルが高いために同居を始めるタイミングが他国にくらべて遅く，このために子ども数の確保が難しくなっていると松田はいう（松田 2011）。

結婚の滞りによって出生が減少するのであれば，結婚の促進が少子化

注2——ただし欧米や北欧諸国では，日本と異なりパートナーシップに法的な根拠を与えるさまざまな制度がある。

対策として有効なのは疑いない。しかし，これからの社会の設計という観点から考えてみれば，働き方や人間関係，産業構造などの変化に合わせて社会制度のほうを変えていくという柔軟性も同様に必要なはずだ。欧米や北欧諸国はこの点に向き合い，反対意見にもまれながらもカップルの法的位置づけを変更し，合計特殊出生率の回復に成功してきた。日本における結婚は制度上の大きな変更がないまま今日まで来ていて，1970年代から検討されている選択的夫婦別姓すら法的に認められるには至っていない。結婚の変わらなさは，ここでも確認できるのである。

2.5 若者の結婚観とその実現性

もう1つの論点である「若者は結婚したがっているが自力では実現できない」について見ていこう。多くの若者が「いずれは結婚しよう」とする前提をもっており，「一生結婚しない」は少数派であるという傾向は，少なくとも1980年代から確認されている。国立社会保障・人口問題研究所の「第15回出生動向基本調査（結婚と出産に関する全国調査）」によれば，いずれは結婚しようと考える未婚者の割合は1982年には男性83.3%，女性83.7%，2015年で男性85.7%，女性89.3%であった。若者は結婚しようと考えているにもかかわらず，未婚化・晩婚化はなぜ進むのか。これは1990年代以降における結婚研究の大きなテーマとなってきた。

未婚化・晩婚化に関する仮説はいくつかあるが，とりわけ計量研究で引用されるのは以下の3つであろう。(1) 女性の社会進出との関係に注目するゲイリー・ベッカーの「女性の自立」説 (Becker 1973)，(2) 若い男性の経済力と親元での生活水準に注目するリチャード・イースターリンの「相対所得仮説」(Easterlin 1980)，(3) 結婚に対する期待とマッチングのコストとのバランスに注目するヴァレリー・オッペンハイマーの「職探し理論」(Oppenheimer 1988) である。日本では山田昌弘が1990年代以降に生じた未婚化・晩婚化の原因として，(1) を否定したうえで，(2) と (3) の両方を踏まえたともいえる説明を行ってきた。

山田の特徴は，結婚の動機を「愛情の高まり」に求めるべきだとする1990年代当時の常識を批判し，経済的要因の重要性を指摘した点にあるだろう。婚前交渉が一般化し恋愛が自由になった1990年代は，婚前交渉がめずらしく恋愛も不自由だった高度経済成長期にくらべて結婚に対するインセンティブが失われた時代であると山田はいう。一方，終身雇用や年功序列，組合型賃金に守られた親世代にくらべて，若者世代は雇用の流動化や不景気の影響で結婚後の生活の見通しが立てづらくなっている。このため，不安定な結婚に身を投じるよりは親元で安定した生活をしながら自由な恋愛を楽しみ，できるだけ結婚を先延ばしにしたほうが理にかなっていると見なすことができるだろう。そのように振る舞う若者が増えたことによって，未婚化・晩婚化が進行したのだと山田は説明している。

　また，女性にとって結婚はよりよく「生まれ変わる」契機となっているとの前提にもとづいた上昇婚（ハイパーガミー）仮説も，山田による未婚化・晩婚化の説明としてよく用いられる。上昇婚とはカースト制度など階級の違いが明確で固定的な社会において，身分をまたいだ婚姻が行われた際に見られる階級移動について説明した用語である。それは『シンデレラ』や『美女と野獣』などの童話にも登場する以下のようなメカニズムだ。「王族」と「一般市民」が結婚した場合，男性が「王族」であれば女性に階級上昇が生じて「王族」に入ることになる。しかし，女性が「王族」だった場合，男性には階級上昇が生じずに結婚後の二人は「一般市民」として暮らすことになる。婚姻による階級上昇は女性には見られるが男性には見られないことから，上昇婚は女子上昇婚といわれることもある。

　山田はこれを戦後の日本社会に応用し，父親の職種や本人の学歴，年齢などによる出生階層と高度経済成長期の産業構造転換に注目して以下のようなモデルを立てた。すなわち，結婚が増加していた高度経済成長期に結婚した若者の親世代は第１次産業に従事していたものが多かった。しかし，若者自身は大企業に雇用されて働くサラリーマンである。

当時の社会状況においては，親よりも結婚相手の階層が高いと見なされることになり，女性にとってそれは上昇婚となる。しかし，若者の雇用が不安定になっている現在，親よりも結婚相手の階層が高いということは起こりにくくなり，結婚が抑制される。したがって今日では，親元以上の生活水準を提供できるような収入の高い男性は女性から選ばれるが，低い男性は選ばれないというわけだ（山田 1996）。

2.6 男性の収入で結婚は決まるか

「男性が結婚できるかどうかは本人の経済状況次第である」との山田の主張はマスコミでもたびたび取り上げられ，大きな話題となった。収入が多い男性が結婚しやすい背景には，生活の見通しの立てやすさから結婚を先延ばしにする必要がないという面と，よりよく「生まれ変わりたい」という女性の上昇婚志向を満足させる面があるとの指摘を発展させ，「低収入の男性は魅力がなく，モテない」とまで論じられることすらしばしばある。

こうした山田の見取り図はどの程度妥当なのだろうか。まずは女性の上昇婚志向についてデータにもとづいた検討を加えておきたい。結論を先取りすると，多くの研究が戦後の日本でメジャーだったのは上昇婚ではなく同類婚であるという結果を示しているのである。

1939年から2001年までに成立した2700組強の夫婦セットを対象にした分析を行った藤見純子は，1945年に結婚したグループでは7割の夫婦が同類婚であったと分析している。同類婚は年々減少するものの1985年でも半数を超えていて，1990年代以降も夫婦は同様の出生階層であることが多いとの現状が確認されている。逆に，学歴においては夫婦同一のものは減少傾向にある。しかしその理由として考慮するべきは男性が先行した高学歴化であり，夫の学歴のほうが高い場合であっても，古くは「夫の最終学歴が高校で，妻が中学校」という組み合わせが一般的であった。それがその後「夫の最終学歴が大学で，妻は短大」といった組み合わ

せに変化してきているのだといえる（藤見 2009）。1995年以前，1956年から70年，1971年から85年，1986以降に結婚した夫婦を比較した志田基与師，盛山和夫，渡辺秀樹らの研究においても同様の傾向が指摘されていて，夫婦同士が同一階層である割合は年々低くなっているものの維持されていることが確認されている（志田・盛山・渡辺 2000）。

　私たちは「釣り合った相手」を自ら選んで結婚しつづけていて，山田がいうような上昇婚の実現が結婚を後押ししてきたという事実があるわけではなさそうだ。この結果は，戦前から現在まで結婚の目的は一貫して生活と秩序の維持であり，個人の親密さはその次であったという結婚の変わらなさとも合致するものである。

　上昇婚と同様に，「生活の見通しの立てやすさ」についても慎重な検討が必要だろう。男性の未婚者と既婚者を比較した場合，既婚者のほうが確かに年収は高くなるが，それはあくまで相関関係であって，因果関係とは区別されなくてはならないからである。

　学歴や職業，出生階層，経済成長などの要素を用いて，結婚の状況を世代ごとに分析した加藤彰彦は，結婚に対する社会階層の効果は経済成長によって緩和されるという分析を示している（加藤 2011）。この分析は，山田のモデルのうち「生活の見通しの立てやすさ」が結婚を後押しするという部分は妥当であるように見えるが，低収入男性は高収入男性にくらべて「結婚しにくい」かどうかについて，もう少していねいに考える必要性も同時に示している。社会階層の効果が経済成長によって緩和されるということは，経済的成長が見込める状況であれば収入にかかわらず結婚できるということでもあるからだ。この結果にもとづくのであれば，「結婚しにくさ」の原因は収入ではなく「見通しの立たなさ」にあると考えたうえで，柴田が指摘するような子育て支援の充実によりこれを補完する可能性も見えてくるのではないだろうか。

2.7 「婚活」が生んだ新しいスティグマ

　厚生労働省「21世紀成年者縦断調査」は2002年時点で20〜34歳，2012年時点で20〜29歳であった男女を追跡調査し，彼らの結婚や仕事，出産などの過程を継続的に分析している。過去10年のデータを取りまとめた特殊報告によれば，男女とも収入が高くなるほど結婚しやすい傾向があり，とくに30歳以上の男性にこの特徴が顕著に見られるという。また，就業形態が無職，パート・アルバイト，派遣社員，契約社員・嘱託の者は，正規雇用の者にくらべ，男女とも結婚を「絶対したい」と思う者が少ないこともわかっている（厚生労働省 2013）。また，同調査の最新報告によれば，過去13年間で結婚した者の割合は男性48.4%，女性58.3%であったが，男女とも初回の調査時に「結婚意欲あり」とした者が「結婚意欲なし」とした者にくらべてより結婚している傾向があるとのデータが示されている。

　これらの結果は，収入の低い男性は「結婚しにくい」との認識はむしろ甘く，事態はさらに深刻になっているという現状を示している。正社員でない者は結婚のスタートラインに立っておらず，初めから人生の選択肢の一つを諦めているという状況があるからだ。同様の分析は村上あかねも行っていて，結婚への意識が高く積極的に結婚に向けて動いている者は正社員や交際経験がある人に多いとの結果を出している（村上 2010）。この理由として，職場との関わりが深い正社員は仕事を通じたネットワークやコネクションを活用しやすい点を村上は挙げている。未婚化・晩婚化の根拠として見合い結婚の減少と高度経済成長期に多く見られた職場結婚の崩壊を指摘したうえで，結婚だけではなくその後の生活をサポートするネットワークの必要性を指摘する研究はほかにもいくつかある（岩澤 2010; 加藤 2011）。

　8割近くの男女が「結婚したい」という現状を前提とするならば，見合いや職縁に代わる総合的で新しいシステムの構築と生活を安定させる社会の実現は多くの人にとって福音となるはずだ。山田による一連の分析

と「婚活」の提案は，出会いのきっかけへの新しい道を開いた点で評価できるものである。しかし，低収入の男性に対して新しいスティグマを生んでいる可能性にも目を向けるべきだろう。

　結婚に際して男性にのみ経済力が期待される理由としては，すでに見た子育て支援の脆弱さに加えて，「夫は外で働き妻は家庭を守るべきだ」という性別役割分業の根強さ，妊娠・出産した後の女性の働きにくさなども関わっているはずだ。これらはつまり高度経済成長期の家族がそのまま今日でも踏襲されているという現状を示していて，結婚の変わらなさが結婚のしにくさを引き起こしていることがここでも確認できる。「男性が結婚できるかどうかは本人の経済状況で決まる」との言明は，こうした社会の不備を「モテる／モテない」という性愛のテーマにすり替え，非正規雇用で低収入に喘ぐ弱者に「女性から選ばれない」とのレッテルを付している。

3　低成長時代における結婚のこれから

　冒頭で紹介した『東京タラレバ娘』に戻ろう。恋愛経験がないわけでもないのに「気がついたらアラサーになっていた」という主人公たちが，東京で働く自営業者であるのは，本作の設定の巧みなところである。東京という大都市で組織に所属せず仕事をしている彼女たちは，守るべき地元や親子関係といった共同体をもたず（家業を手伝う小雪を除いて実家はほとんど出てこない），仕事と同様に結婚相手も個人のネットワークで勝ち取っていかなくてはならないからだ。

　本作が描いているのは，愛情や尊敬をベースに当事者が自由に配偶者を決定するという，個人主義的な恋愛結婚だ。それは「愛─性─結婚」の三位一体を前提としていて，個人の幸福を目的とするものである。国内外の多くの社会学者が論じてきたように，この結婚観の背景には「ロマンティックラブ複合体」と呼ばれる信念があり，それは以下のような要

素から成立している。真実の愛の対象は一人であるという代替不可能性。出会いは運命的なものであり、一目会った瞬間に恋に落ちるという超越性。そして、あらゆる事柄は愛に動機づけされ、常識や損得をも超えるという内発性。こうした信念は宮廷愛に起源をもつが、近代化の過程でロマンティックラブとして発現し、恋愛小説を通じて普及してきたといわれる。

　ロマンティックラブは自発的な感情にもとづいた行動とされ、個人の主体性や自己実現と結びつけられるものだ。『シンデレラ』や『美女と野獣』は、身分の違いに代表される困難をロマンスの力で打ち破って結婚するというロマンティックラブの典型でもあり、それゆえに今日でも人気を博している点も踏まえておく必要がある。近代社会の成立とともに普及したこの行動様式は共同体の維持、特定の宗教、伝統的な風習などを否定し、個人的な友愛関係の形成を動機づけているのだ。

　すでに見てきたように、戦後の日本における結婚はさまざまな変化を経てきた。しかし、同時に生活と秩序の維持という点では一貫した「変わらなさ」を保持している。低成長経済の下にある日本の現状をふまえれば、秩序を脅かす恋愛に身を投じるよりも、親子や地元の人間関係を維持して生活の安定を図るほうが現状に適応的だということもできるだろう。多くの調査が示しているように、若者は恋愛から撤退しつつあり、親子関係を良好に保ち、現状に満足している。

　『タラレバ娘』が描く「生きにくさ」とは個人的な信念でこうした風潮を突破する困難であり、その背景には人生に自ら決着をつけるべく近代的自我に目覚めようとする主人公の葛藤があるといえよう。辻泉によれば、地方の若者は横並びで共同性を重視する傾向をもち、東京の若者は自立を志向する主体性をもつ傾向があるという（辻 2016）。東京を舞台にした「アラサー」の格闘が地方に住む人や大学生にどう響くのかは、今後の結婚と恋愛のあり方を考えるうえで指針の1つとなるはずだ。さて、あなたはこの物語をどう読むだろうか。

参考文献

Becker, Gary, 1973, "A Theory of Marriage Part I," *Journal of Political Economy*, 81（4）: 813-846.
Easterlin, Richard, 1980, *Birth and Fortune: The Impact of Numbers on Personal Welfare*, New York: Basic Books.
藤見純子，2009，「夫婦のかたち・結婚のかたち」藤見純子・西野理子編『現代日本人の家族──NFRJからみたその姿』有斐閣ブックス，55-71．
姫岡勤，1966，「結婚の概念と類型」大橋薫・増田光吉編『家族社会学』川島書店，95-121．
岩澤美帆，2008，「初婚・離婚の動向と出生率への影響」『人口問題研究』64（4）: 19-34．
───，2010，「職縁結婚の盛衰からみる良縁追求の隘路」佐藤博樹・永井暁子・三輪哲編『結婚の壁』勁草書房，37-53．
加藤彰彦，2011，「未婚化を推し進めてきた2つの力──経済成長の低下と個人主義のイデオロギー」『人口問題研究』67（2）: 3-39．
国立社会保障・人口問題研究所，2016，『第15回出生動向基本調査（結婚と出産に関する全国調査）』（2017年1月26日取得：http://www.ipss.go.jp/ps-doukou/j/doukou15/doukou15_gaiyo.asp）．
厚生労働省，2013，「21世紀出生児縦断調査及び21世紀成年者縦断調査特別報告書」（2017年1月26日取得：http://www.mhlw.go.jp/toukei/list/162-1.html）．
───，2016，『平成27年人口動態統計月報年計（概数）の概況』（2017年1月26日取得：http://www.mhlw.go.jp/toukei/saikin/hw/jinkou/geppo/nengai15/）．
松田茂樹，2011，「結婚と出産の国際比較──5カ国調査からみる日本の少子化の特徴」第一生命経済研究所ライフデザイン研究本部『ライフデザインレポート』200: 16-23．
村上あかね，2010，「若者の交際と結婚活動の実態──N全調査からの分析」山田昌弘『「婚活」現象の社会学──日本の配偶者選択のいま』東洋経済新報社，43-64．
Oppenheimer, Valerie, 1988, "A Theory of Marriage Timing," *American Journal of Sociology*, 94（3）: 563-591.
柴田悠，2016，『子育て支援が日本を救う──政策効果の統計分析』勁草書房．
志田基与師・盛山和夫・渡辺秀樹，2000，「結婚市場の変容」盛山和夫編『日本の階層システム4 ジェンダー・市場・家族』東京大学出版会，159-176．
辻泉，2016，「地元志向の若者文化──地方と大都市の比較調査から」川崎賢一・浅野智彦編『〈若者〉の溶解』勁草書房，147-176．
山田昌弘，1996，『結婚の社会学』丸善ライブラリー．
山田昌弘・白河桃子，2008，『「婚活」時代』ディスカヴァートゥエンティワン．

3

家族の近代化と子育ての変容

野田　潤
Noda Megumi

1　大正時代の貰い子相談

　　子供を差上げたい
▲私は薄給の腰弁ですが理(わけ)あって夫婦別れをした為(た)めに，数へ年三つになる男の児を抱へて弱つてゐます。(中略) 私の口から申すと親馬鹿に聴えますが，裸体(はだか)にすると恰(まる)で小さい金時のやうです。併し私も一人身の薄給で大に困りますから，何誰(どなた)か恵深い方に此児(このこ)を貰つていたゞきたいと思ひます (神田生)
△何誰(どなた)か読者さんの内に，憑ういふ子供を貰つて育てゝ見やうと思ふ方はありませんか，若し有りましたら本社にご紹介下さい，お世話を致します (記者)

　これは今からおよそ100年前，1914年（大正3）5月3日の『読売新聞』朝刊に掲載された読者投稿欄「身の上相談」の連載第2回目記事である。妻と離婚した腰弁（サラリーマン）の男性が，引き取った子どもを貰い子に出したいと相談している。そして回答者である新聞記者は，どなたか貰ってやって下さいと，相談者の希望をそのまま受け入れるかたちで簡潔に読者に呼びかけている。『読売新聞』の「身の上相談」は，大正時代か

ら現在まで続く長寿コーナーとして有名だが（現タイトルは「人生案内」），その最初期の相談には貰い子を呼びかけるものが非常に多かった。

　この記事にはさまざまな点で，当時の世相が色濃く反映されている。まず，離婚した母親が子どもを引き取っていない。現在の日本では，離婚時には8割以上の子どもが母方に引き取られ，「子育てはお母さんがするもの」という社会意識が非常に強いので，この記事を読んだ現代人は意外に思うかもしれない。しかし，当時の民法では，親権とはもっぱら父親のものであり，したがって夫婦の離婚の際には，子どもは父親のもとに残されることが一般的だったのだ。

　次に，おそらく現代人にとっていっそう驚きなのは，親権をもつ親が，育てられない子どもを積極的に手放そうとしていることだろう。しかも新聞記者という，一定の知識と権威をもっている回答者が，そのことをまったく批判せず，むしろ貰い手を積極的に募集している。いったいこの子はどうなったのか，かなり気になるところだが，翌週5月11日の朝刊には，次のような記事が出現する。

　　　可憐の子供貰はる（上）
　　　本月三日本誌の身の上相談に「子供を差上げたい」といふ記
　　事が出ると，翌日の午後早速御来社下すつたのは三十四五の品
　　の好い御婦人で，村田さんといふ方（略）早速子供の父親を呼ぶ
　　ことを約束して，五日に親子の見合をさせる事にした。（略）

　さらに翌12日の「可憐の子供貰はる（下）」の記事によれば，この子は「見合」の後，すでに「村田さん」に引き取られ，実子のなかった裕福な夫妻に大切に育てられているという。紙面には夫妻の家で「女中に抱かれ」た子どもの写真が載っている。当時，中流以上の家庭ではこうした使用人を雇うことはごく一般的で，育児にまつわるさまざまな手間は母親だけではなく，使用人によっても担われていた。子育ては親の手だけで行

うものだ，という現代日本人の「常識」からすると，この写真もまた100年前の日本と今の日本との間に横たわる，思いがけない落差であるかもしれない。

なお，当時この「村田さん」のように他人の子どもを貰って育てる夫婦は，めずらしい奇特な人だったのかといえば，決してそうではない。「可憐の子供貰はる（下）」の記事によると，「村田さん」夫妻以外にも，「この可憐の子供を貰ひたいといつて寄越しなされた方が六七人」いたという。さらにこの相談以降も，大正期の「身の上相談」には，さまざまな事情のもとで子どもを手放したいという同様の相談が頻出している。しかもそれは回答者から批判されていない。100年前の日本では，貰い子の存在は決してめずらしくなく，また特別に咎められるようなことでもなく，生活の中に「当たり前」の光景として溶け込んでいたのだ。

このように，子育てについての「常識」は，社会によって大きく異なる。それは，子育てという営みが生物学的に決定されるものではなく，高度に社会的な営みだからだ。そうである以上，私たちが「当たり前」だと思っている子育てのかたちも，もしかしたら他の社会から見れば，意外と「不思議なもの」であるのかもしれない。

以下では，①さまざまな社会における子育ての多様性，②近代社会に特徴的な子育てのかたち，③現在の日本の子育てに関する問題や課題について，具体的に見ていこう。

2　子育ての多様性

近代社会では，「子どもを育てるのは家族の仕事だ」「家族とは子どもを育てるものだ」と信じられていることが多い。社会学においても，たとえば1950年代に構造機能主義の理論で一世を風靡したタルコット・パーソンズは，家族の「恒常的な」機能として，「子どもの社会化」と「成人のパーソナリティ安定」の2つを定式化した（Parsons and Bales 1956=2001）。

しかし実際には，家族が子育ての中心的な責任主体ではなかった社会の事例についても，多くの研究が蓄積されている。たとえば，日本の中世や近世の歴史研究からは，実子ではない子どもに授乳や養育やしつけや後見を行う，「乳母」の存在の大きさが浮かび上がってくる。平安時代の公家で制度化されていた乳母は，鎌倉時代以降は武士階級にも広まり，育ての子と固く密接な絆で結ばれることも多かった（服藤 1991；田端・細川 2002 など）。戦国時代末期以降には，主君の子どもの養育と教育にあたる，「傅役」という男性家臣も存在していた（田端・細川 2002）。

　また，平安末期から記録の残る「烏帽子親／烏帽子子」や「鉄漿親／鉄漿子」の習俗は，子どもの成年儀礼の際に地域の有力者や親戚などを仮親として，生涯にわたる庇護・奉仕，義理・つきあいの関係を取り結ぶものである。室町時代には民間にもこの習俗が広まり，村落においては昭和期になっても観察されていた。このほかにも，子どもの出産時に助産経験の豊富な介助者が「取り上げ親」となる慣行，また生後間もない子の命名を「名付け親」が行う慣行など，多数の仮親の習俗があり，これらの仮親と子どもとの関係は将来にわたって続いたという（大藤 1968，1982 など）。

　さらに日本では，家督継承や家産相続のための「跡継ぎ養子」の慣行が非常に多く，さまざまな続柄や身分の人びととの間で人為的な親子関係を創設する養親子関係が取り結ばれてきた。また，子どもの労働を目的として行われる「養い子養子（貰い子養子）」の事例も，昭和初期までの農山漁村ではしばしば見られた（大竹・竹田・長谷川編 1988 など）。このほか，親族関係としての親子関係は変更しないまま，さまざまな理由や事情から子どもを他人に預けて養ってもらう「里親／里子」の習慣も，平安期の公家や武家，明治期の庶民など，あらゆる時代，階層で多く見られた（大藤 1982；汐見編 2001 など）。

　このように，生物学的には親子関係にない人たちの間に設定された社会的な親子関係は，歴史的にはきわめて頻繁に見られたものなのだ。近

代以前の子どもは決して，家族の力だけで育て上げられていたのではない。実の親以外にも，社会の中にはたくさんの「親」がいて，子どもの成長に関わっていたのである。冒頭の「子供を差上げたい」という相談者の意向を，回答者や読者が当たり前のように受け入れていたのも，こうした歴史的背景の延長線上にある。

さらに，子育てと地域共同体の歴史的な関係を紐解いた時にも，やはり子どもは家族の力だけで育てられていたわけではないことが浮かび上がってくる。太田素子によると，日本近世の村落では，村の統治（とくに租税負担）上の必要性から，極貧や多子の家には村から養育料を支給するといった，互助的な「子育て支援」の仕組みがつくられていた。また村内のさまざまな組織や祭礼などの生活慣行を経由することで，子どもの人間形成が村落ぐるみで行われていた。さらに「笑い」や「非難」といった「世間」からの負のサンクションがしつけの際の根拠になるなど，規範レベルでも共同体は子育てに大きな影響力を及ぼしていた（太田 2011）。

このうち金銭的援助を含む緊密な互助的関係は，社会経済的状況の変容とともに近世末期には解体するが，明治・大正期になっても，やはり村落共同体はさまざまな生活慣行を通じて子育てに密接に関わりつづけていた。広田照幸は，高度経済成長期以前の「村の子育て」において，家族（親）は子どものしつけを周囲の人的ネットワークに大いに依存していたと指摘する。家庭でのしつけが厳しかったのは家業の技能伝達に限られ，それ以外はきわめて放任的だったのだ（広田 1999）。

現在のように「家族（親）こそがしつけの中心的な担い手」だと考える，「教育する家族」の意識は，日本ではおもに大正期の都市部の新中間層に起源をもっている。それが一般化するのは戦後の高度経済成長期のことで，歴史的にはせいぜい100年にも満たない。

先述のようにパーソンズは，子どもの社会化と成人のパーソナリティ安定を，「恒常的」な家族の機能だと定式化した。しかし，歴史学や人類学，その後の社会学の多くの蓄積からは，その見解は必ずしも支持され

ない。子どもは家族だけによって育てられてきたわけではないし，また家族だからといって必ずしも子どもを育てているとは限らない。パーソンズが定式化したのは，あくまでも近代社会において「常識」とされるようになった，特定のかたちの子育てにすぎなかったのである。

3　近代の子育ての特殊性

　では，近代ならではの子育ての特徴とは，どのようなものなのだろうか。

　まず，近代家族は外部から切り離されたプライバシーの領域として自閉するという特徴をもつため（落合1989; 山田1994など），共同体による子育てへの介入＝援助はほとんど得られなくなる。孤立化・密室化した家族の中で，個々の親たちがひとりで孤独な育児に奮闘する光景や，虐待のような家族内部の深刻な事態が外部から発見されないといった困難は，まさに近代家族ならではの問題なのだ。さらに近代家族には，成員の再生産と生活保障についての「自助原則」が存在する（山田1994）。プライバシー領域として孤立・自閉した家族に，再生産と生活保障の責任がすべて集中するため，近代社会における子育ての責任は，ほとんど家族のみに一極集中してしまう。

　次に，近代家族では，その成員同士の愛情や情緒的なつながりが，社会規範としてきわめて重視される（Shorter 1975=1987; 山田1994など）。そのため子育てにおいても子どもへの愛情が強調され，「少なく生んで大事に育てる」という**子ども中心主義**が広まっていく。日本では1940年代までほぼ4を超えていた合計特殊出生率は1950年代に2まで急落し，その後1970年代半ばまで人口維持水準ぎりぎりの数値で横ばいとなった。

　そして同時期，子育てにまつわる要求水準も右肩上がりに上昇する。たとえば，日本では子どもの進学率は戦後一貫して増えつづけ，1950年に42.5％だった高校進学率は1970年代半ばに9割を，1950年代に1割ほ

どだった大学進学率は1970年代半ばに3割を超えた。そもそも近代以前の子どもは，労働や遊びなど多様な場面で大人と入り混じって生活し，配慮の対象としても特別視されることはなく，「小さな大人」として扱われていた（Ariès 1960=1980）。だが，近代社会では子どもは「可愛がりと教育の対象」として特別扱いされるようになり，それとともに排他的な子育て主体となった家族が，愛情と熱意をもって子どもを教育するようになる（あるいはそうすべきだと社会的に考えられるようになる）。

こうして子育てに対する要求水準が上昇し，子育てコストが増大するのである。だが，外部からの介入＝援助が消失し，自助原則によって責任が一極集中した状態で，このようなコスト増大が起きるため，近代の家族は負担能力を超えるほどの子育てコストを担うことになる。これもまた近代社会ならではの問題である。

最後に，男性に経済責任，女性にケア責任を配分させる，近代の性別役割分業の存在である。この規範は子育てにおいても適用されるため，近代家族の子育てでは経済的な負担は父親に集中し，ケアの負担は母親に集中する。つまり，父親は子育てのために必要な経済的責任を一身に背負うことになる一方で，実際の子育ての場面ではどんどん影が薄くなる。そして母親は，外部からのサポートが消失した中で，子どものケアの責任を一身に背負うことになる。母性が規範化され，子育ての際に母親の責任のみがとりわけ強調されるのも，まさに近代ならではの現象である（Badinter 1980=1998 など）。

なお，誤解されやすいことではあるが，母性という概念は，（本能というよりも）社会規範としての側面が非常に強い。たとえば，12世紀初頭に編纂された『今昔物語集』の29巻29話には，子どもを犠牲にして自らの身を守った女性の行為が，社会的に高く評価されたという事例がある（服藤1991）。この話では2人の乞匂（乞食）に強姦されそうになった若い女性が自らの子を人質として乞匂を騙し，無事に逃げのびる代わりに，子どもは乞匂に殺される。しかし，この女性の行為は通りがかりの武者たちや

『今昔物語集』の編者自身から，すばらしいものとして賞賛される。子育て中の女性に対して当時の社会がもっていた規範や価値観が，現在のそれとは大幅に異なっていたことがよくわかる好例といえよう。

　また，歴史的にはさまざまな国や地域で，実母以外が子どもを育てる乳母や養子などの慣行が見られる。そもそも母親が労働しないと生きていけなかった近代以前の庶民の世界では，育児にかかりきりになることのできる母親はほとんど存在しなかった。明治期の育児雑誌に掲載された育児日記の書き手が，当初，ほとんど父親だったという指摘もある（沢山 2013）。また，離婚時に母方に引き取られる子どもの割合が，父方に引き取られる子どもの割合を上まわるのは，高度経済成長期のさなか，ようやく1960年代になってのことである。母親のみがもっぱら子育ての責任主体とされ，母役割のみが特権的に重視されるという子育てのかたちは，歴史的には，かなり特殊な形態なのだ。

　まとめると，近代の子育ての顕著な特徴とは，増大した子育てのコストが，孤立化した家族に一極集中することだといえる。とりわけ男性にとっては経済的な負担，女性にとってはケアの負担が非常に大きい。

　しかし，こうした子育てのかたちは，現在の社会経済的な変化の中で，しだいに実現困難なものになりつつある。次節でくわしく見ていこう。

4　現代に特有の子育て問題

　アンソニー・ギデンズによると，後期近代における親密性の価値は，今後ますます増大していくという（Giddens 1992=1995）。実際，現代日本の子育てに関するさまざまな実証研究を見ると，近代家族における子ども中心主義や「教育する家族」の傾向は，ますます強まってきているようだ。

　たとえば，家計の消費支出に占める教育費の比率は，1970年代半ば以降，平成の大不況の時期においてさえも，増加の一途をたどっている。1990年代からは大学進学率がさらに伸び，2015年には56.5%となってい

る。子育てにかかる経済的コストはどんどん増大しているのである。

　ケアの面でのコストについても，同様の傾向が見受けられる。たとえば，育児書の通時的分析を行った品田知美は，社会的に推奨される子育て方法の中身が1980年代に大きく変容し，徹底的に子ども中心のペースで行われるものになったと指摘する。「抱いてもらいたい，お乳を飲みたい，いっしょに寝たい，という赤ちゃんの要求」について，かつては「すべてに応える必要はないとされていた」が，現在では「できるかぎり親がつきあうべきであると信じられている」のだ（品田 2004: iii）。1990年代半ば以降には，国の教育政策においても，より広い社会的関心においても，家庭教育の重要性が非常に強調されるようになった（本田 2008）。このような状況の中で，総務省の「社会生活基礎調査」のデータを見ると，2000年代以降，共働き世帯と専業主婦世帯の双方において，妻の育児時間はひたすら増加しつづけている。なお，母親たちが子育てや教育に没頭する傾向は，とくに高学歴層でいっそう強いとの指摘が多い（広田 1999；本田 2008など）。

　このように，子育てに関する要求水準は，日本で近代家族のあり方が一般化した1970年代半ば以降，ますます上昇しつづけており，それにかかる家庭のコストもどんどん増大しつづけているのだ。

　そして，子育てコストの上昇と同時並行して，現代の日本では，「より少なく生んでより大事に育てる」という，さらなる少子化が進行しつつある。高度経済成長期にはおおよそ２を維持していた日本の合計特殊出生率は，1970年代半ば頃から再び減少し，1990年には「1.57ショック」として問題視された。その後も回復傾向はほとんど見えず，2015年には1.46となっている。

　先述のとおり，近代家族は外部の介入＝援助から切り離されたうえ，再生産と生活保障の自助責任を負っている。そのため現代の過剰に増大した育児コストは，意図的な軽減策をとらないかぎり，家族に一極集中してしまう。そのような社会では，「過度の負担を避けるために子どもを

もつことそのものを避ける」という選択肢が，ある種の合理性を帯びることになってしまうだろう。

　さらに，日本のこの状況に追い打ちをかけているのが，1990年代後半以降の社会経済的な変化である。長期にわたる不況と雇用の流動化が同時に進行し，非正規雇用者の割合が激増した。たとえば，2014年時点での非正規雇用率は男性で21.7%，女性では56.6%にも及ぶ。また厚生労働省の「賃金構造基本統計調査」を見ると，1960年代～80年代にかけて大幅な伸びを見せていた男性一般労働者の平均賃金は，1990年代以降は横ばいに転じている。低成長と不況の現代，父親の賃金は必ずしも安定的に伸びていく保証はない。そしてそれは，とりもなおさず，子どもを生んだ母親たちが専業主婦として育児のみに専念することを保障できるような社会条件が，もはや安定的には存在しないことを意味している。現に1997年以降，専業主婦世帯は少数派となっており，2015年は共働き世帯が1114万世帯に対して，専業主婦世帯は687万世帯にまで減少している。夫の稼ぎを主として家計を支える男性稼ぎ手モデルは，今では実現困難なものとなりつつあるのだ。

　しかしながら注意すべきは，そのような現状においても，共働きの既婚女性の多くが就いているのは，低賃金の非正規雇用であることだ。結果として，実際の家族生活の経済基盤は，今も男性に集中したままである。その一方で，子育ての負担は，共働きが増加した現在でも女性に集中したままであり，父親となった男性が育児をすることは，いまだに一般的ではない。たとえば，2014年度の育休取得率は，女性が86.6%であるのに対して，男性は2.3%でしかない。また2011年の「社会生活基礎調査」のデータによれば，子どものいる共働き夫婦の一日の家事関連時間は妻が4時間53分，夫が39分である。

　こうして見てくると，現代の日本では男性稼ぎ手モデルが実現困難となっているにもかかわらず，性別役割分業を前提とした子育てモデルが今なお強固に作用していることがわかる。社会経済的な状況が変化する

中で，子育ての要求水準が高騰した現代では，そのような重い負担を引き受けることができるごく限られた人びとだけが，コストのかかる現代型の子育てを行っているという可能性もある。増大した育児コストを担えない（あるいは担いたくない）人は，出産を回避したり，理想の子育て水準に達しないことを諦めたりするというかたちで，ハードルの高い現代型の子育てから離脱していかざるをえない。

したがって，育児にかかるコストが増大しつづける現在，夫の片働きが困難な社会状況であるにもかかわらず，性別役割分業を前提にした子育てを企図しつづけることは，いくつもの点で無理があるといえる。

たとえば，妻と子どもを一人で養えるほどの収入を得られる若年男性は，不況と低成長の現在では希少化しているため，性別役割分業を前提とした家族生活を希望するかぎり，若年層の結婚はいっそう難しくなる（山田編著 2010）。そのため未婚化と少子化はいっそう進む。そもそも子育てにかかる費用が増大しているにもかかわらず，若年層の雇用状況は厳しくなっているのだから，男性のみに稼ぎ手役割を求めつづけるかぎり，それにかなう人材が希少化するのは当然である。

また，女性の雇用労働化は進んでいるが，それと同時に家事や育児の負担が母親に一極集中する状況は，今もほとんど変わっていない。こうした仕事と家庭の二重負担があまりにも厳しくなれば，それを回避する人が増えるのもまた当然である。日本女子大学現代女性キャリア研究所が首都圏の25〜49歳の高学歴女性を対象に行った2011年の調査によると，正規雇用の初職を継続している女性たちはどの年齢階級でも未婚率が高く，結婚して子どもをもっている人は21.4％しかいなかった（三具 2015）。女性にとっては，「仕事か家庭か」の極端な二択を構造的に強いられる状況が続いてきており，その二択自体を避けるために，そもそも子どもをつくらないという選択肢すら，現実的なものとなっている。

このように，現代の日本では，家族が担うべき育児コストは非常に増大している。十分な福祉制度が確立できず，社会的なサポートが不足し

つづけるかぎり，過大なコストを担えない人や担いたくない人は，子育てという営みから振り落とされてしまうだろう。未婚化や少子化の進行は，このような社会状況の中で起きているのだ。また要求水準が高騰した現代型の子育てコストを担える人だけが，そのような高水準コストの育児をしていくというような，生活格差の二極化も生じつつある。2000年代には，子どもの学力や学習意欲，親の子育て方針，また食を通じた健康志向や生活習慣などについて，親の学歴や家庭の経済的・時間的資源との相関を指摘する研究も多い（苅谷 2008; 本田 2008; 品田・野田・畠山 2015など）。さまざまな意味で，近代家族的な子育てには，限界が生じているのである。

5 子育ての近代と家族主義の限界

それでは，近代化が進んだ社会は，どこでも同じように少子化に悩まされているのだろうか。

結論から述べると，少子化は先進国に共通する課題ではあるが，その深刻度は，社会によって大きな差がある。図1は先進諸国の合計特殊出生率の推移を示したものである。フランス，スウェーデン，イギリス，アメリカでは，1970年代から90年代頃にかけて合計特殊出生率が2を下まわる時期があったが，その後回復し，現在ではおおむね2に近づいていることがわかる。その一方で，日本，韓国，イタリア，ドイツでは，合計特殊出生率は回復せず，今も1.5を割ったままである。このような違いはどこからくるのだろうか。

イエスタ・エスピン゠アンデルセンは，福祉国家のあり方を，①市場の役割が重視される**自由主義的福祉レジーム**（アングロ・サクソンの国々が該当），②国家の役割が重視される**社会民主主義的福祉レジーム**（北欧諸国が該当），③家族の役割が重視される**保守主義的福祉レジーム**（大陸ヨーロッパや南欧，日本などが該当）の3つに分類した。そして，家族主義の強い保守

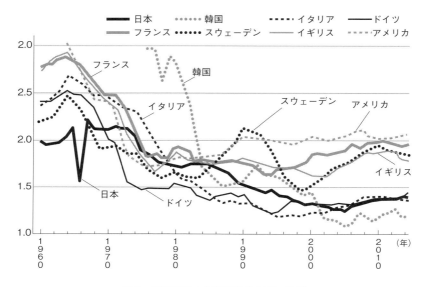

図1　先進諸国の合計特殊出生率の推移
（出典：OECD "Social Expenditure Database"）

主義的福祉レジームの国々の多くでは，しばしば低出生率均衡が生じることを指摘した（Esping-Andersen 1999=2000）。

　エスピン＝アンデルセンによれば，家族主義とは福祉の最大限の責任主体を家族に割り当てるものであり，さらにその家族の稼ぎ手が男性に偏っているという特徴をもっている。そして，このような家族主義が，長期にわたる若年層の大量失業のような現象と結びつくと，福祉責任を担えない若者たちはいつまでも独立できず，家族の形成そのものが妨げられ，少子化傾向が強化されるのである。エスピン＝アンデルセンが描き出したこのような図式は，増大した子育てコストが家族に集中することで家族形成のハードルが上がり，その結果として未婚化や少子化が進んでいる日本の現状にもあてはまる点が非常に多い。

　こうした家族主義のマイナス効果は，先述した合計特殊出生率の国による違いにも反映されている。注目すべきなのは，出生率に回復傾向が

見られない国々はいずれも、家族主義の強さが指摘されていることだ。エスピン゠アンデルセンの議論では、イタリアとドイツは保守主義的福祉レジームの典型例として挙げられているし、日本もその「並はずれて強い家族主義」によって、保守主義的福祉レジームに入るとされている (Esping-Andersen 1999=2000)。そして韓国もまた「家族主義的な圧縮された近代のもとで、高度に家族中心的な社会的・個人的生活を送ってきた」ことが指摘されている国である (張 2013)。

ただし、フランスについては例外である。大陸ヨーロッパの国であるフランスは、エスピン゠アンデルセンの議論では保守主義レジームに該当するが、1993年には1.66まで落ち込んでいた合計特殊出生率は、その後ほぼ2まで回復し、2014年には1.98となっている。このようなフランスの出生率の「回復」の理由としてよく指摘されるのは、子育てや教育に対する公的支援の充実である。

図2は、各国の公的教育支出と私的な家族教育支出の規模を、対GDP比で示したものである。フランスは他の保守主義的福祉レジームの諸国よりもGDPに占める公的教育支出割合が多く、その水準は社会民主主義的福祉レジームのスウェーデンと並ぶほどである。また図3は、各国の家族関係社会支出を対GDP比で示したものだが、やはりフランスは他の保守主義的福祉レジームの国よりも高い支出となっている。こうした強力な子育て支援政策の結果として、フランスの家族主義は、エスピン゠アンデルセンも指摘するように、あまり強化されず、弱い状態に押しとどめられているのである。

なお、図2と図3からは、日本の公的教育支出や家族関係社会支出の少なさと、私的な家庭教育支出の多さをはっきりと読み取ることができる。松田茂樹は、日本・韓国・アメリカ・フランス・スウェーデンの比較分析を通じて、「日本の出生率を下げている強い背景要因として、他国以上に非正規雇用や収入の低い若者が結婚しにくいことや、子育てや教育にかかる家族の費用負担の重さがある」と指摘する (松田 2014)。とくに、

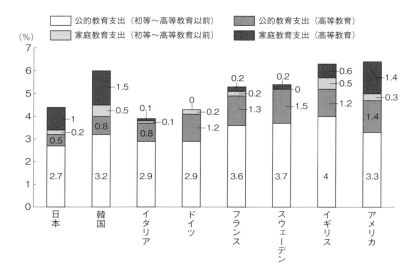

図2 各国の教育支出割合（対GDP比，2012年）
（出典：OECD "Education at a glance: Educational finance indicators"）

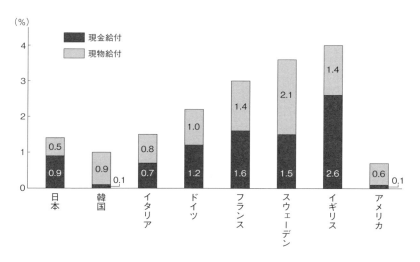

図3 各国の家族関係社会支出割合（対GDP比，2011年）
（出典：OECD "Social Expenditure - Aggregated data"）

従来の日本の少子化対策がおもなターゲットとしてきたのは未就学児を
もつ正規雇用の共働き夫婦だったため，現実に大多数を占める性別役割
分業型の夫婦に対する子育て支援は圧倒的に不足したままであり，全体
としての出生率回復にはあまりつながっていないという。現在の日本の
子育てに関わる福祉制度は十分に整備されているとはいえず，さまざま
な面で課題が多い。

　しかし，こうした福祉制度の未整備は，日本だけの問題ではない。韓
国の社会学者チャン・キョンスプは，後発国における近代が，短期間に
異質な変化が折り重なるように起きる，「圧縮された近代」であると指摘
する（張 2013）。「圧縮された近代」の国々は，十分な福祉国家を築くだけ
の余裕がないままポスト工業社会の不況期に突入し，福祉削減の時代を
迎えてしまうため，福祉制度は必然的に未整備で，家族主義的にならざ
るをえない。それは欧米よりも遅いタイミングで急速に近代化が進んだ
「半圧縮近代」（落合 2013）の社会である日本にもあてはまるし，その日本
よりもさらに遅いタイミングでさらなる急速な近代化を経験した他の東
アジア諸国においては，なおさら激烈にあてはまる。

　落合恵美子は，このような「圧縮された近代」を経験した東アジアや東
欧の諸国では，「人々の生活に関する全責任を家族が負う家族主義的制
度」が共通して見られることを指摘する。しかし，同時にこれらの国々
では，経済状況の悪化といったような条件下において家族が過重な負担
やリスクとなる可能性も非常に高いため，それらのリスクを回避する形
で，「家族主義的な個人化」が進行するのである（落合 2011）。

　もともと家族の個人化とは，ウルリッヒ・ベックによって提唱された
当初は，個人の選択可能性の増大を意味すると同時に，家族に対する価
値観の変化や女性の意識革命にもとづく既存の家族制度の解体を含意し
ていた（Beck 1986=1998; Beck and Beck-Gernsheim 2002）。日本では山田昌弘
らを中心にこうしたベックの個人化の理論が導入され（山田 2004），「近代
家族の終焉」というイシューを巻き込みながら，家族に関する既存の制

度や規範の解体がさかんに論じられてきた。つまり，当初は「個人化」といえば「家族主義の終焉」を意味していると考えられていたのである。これは，ベックによって提示された当初の個人化概念が，欧米産業社会をモデルとしていたことにもよるだろう。

しかしながら，チャンや落合の議論からは，現代の日本（および他の非西欧諸国）における家族の個人化が，欧米産業社会とはかなり異なったかたちで起きている可能性がきわめて強く示唆されている。チャンは，近年の東アジアの諸社会に見られる個人化を「個人主義なき個人化」と呼んで，西欧産業社会における個人化と区別した。ここでは個人化は家族主義の終焉を必ずしも意味しない。圧縮された近代を経験した非西欧社会において，個人化はむしろ家族主義と両立するのである（落合 2011; 張 2013）。

これまで見てきたとおり，少なくとも現代の日本の子育てに関しては，家族の負担はむしろ過剰なまでに増大している。今起きているのは明らかに，家族主義の「解体」ではない。現代の日本で実際に生じつつある個人化とは，子育てに関わるさまざまな福祉の負担が家族に丸投げされつづける中で，今なお十分な選択肢が提供されていないにもかかわらず，個々人がライフスタイルの「選択の主体」となることを強いられるようになった，というかたちでの個人化である。つまり，家族主義的な制度や規範が解体されないまま，責任の個人化と社会問題の脱・社会問題化ばかりが進行しているのである。未婚化や少子化といった近年の諸問題も，その必然的な帰結といえる。

今後，日本の子育てのあり方は，どのように展開するのだろうか。日本型の近代家族は，これから「解体」に向かっていくのだろうか。日本での個人化は，どのように進行していくのだろうか。これらの問いは未来に向けて開かれている。家族や子育てに関するさまざまなトピックや社会調査などのデータに注目することで，自分なりに考えてみてほしい。

参考文献

Ariès, Philippe, 1960, *L' Enfant et la vie familiale sous l' Ancien Régime*, Paris: Seuil.（＝1980，杉山光信・杉山恵美子訳『〈子供〉の誕生──アンシァン・レジーム期の子供と家族生活』みすず書房）

Badinter, Elisabeth, 1980, *L' Amour en Plus*, Paris: Flammarion.（＝1998，鈴木晶訳『母性という神話』ちくま学芸文庫）

Beck, Urlich, 1986, *Risikogesellschaft: Auf dem Weg in eine andere Moderne*, Frankfurt am Main: Suhrkamp.（＝1998，東廉・伊藤美登里訳『危険社会──新しい近代への道』法政大学出版局）

Beck, Urlich and Beck-Gernsheim, Elisabeth, 2002, *Individualization: Institutionalized Individualism and Its Social and Political Consequences*, London: Sage.

張 慶燮, 2013, 柴田悠訳「個人主義なき個人化」落合恵美子編『親密圏と公共圏の再編成──アジア近代からの問い』京都大学学術出版会, 39-65.

Esping-Andersen, Gøsta, 1999, *Social Foundations of Postindustrial Economics*, Oxford University Press.（＝2000，渡辺雅男・渡辺景子訳『ポスト工業経済の社会的基礎』桜井書店）

服藤早苗, 1991, 『平安朝の母と子』中公新書.

Giddens, Anthony, 1992, *The Transformation of Intimacy: Sexuality, Love and Eroticism in Modern Societies*, Cambridge: Polity Press.（＝1995，松尾精文・松川昭子訳『親密性の変容──近代社会におけるセクシュアリティ, 愛情, エロティシズム』而立書房）

広田照幸, 1999, 『日本人のしつけは衰退したか──「教育する家族」のゆくえ』講談社現代新書.

本田由紀, 2008, 『「家庭教育」の隘路──子育てに強迫される母親たち』勁草書房.

苅谷剛彦, 2008, 『学力と階層──教育の綻びをどう修正するか』朝日新聞出版.

松田茂樹, 2014, 「国際比較からみた日本の少子化・家族・政策」渡辺秀樹・竹ノ下弘久編『越境する家族社会学』学文社, 2-19.

落合恵美子, 1989, 『近代家族とフェミニズム』勁草書房.

───, 2011, 「個人化と家族主義──東アジアとヨーロッパ, そして日本」ウルリッヒ・ベック・鈴木宗徳・伊藤美登里編『リスク化する日本社会──ウルリッヒ・ベックとの対話』岩波書店, 103-125.

───, 2013, 「東アジアの低出生率と家族主義──半圧縮近代としての日本」落合恵美子編『親密圏と公共圏の再編成──アジア近代からの問い』京都大学学術出版会, 67-97.

太田素子, 2011, 『近世の「家」と家族──子育てをめぐる社会史』角川学芸出版.

大竹秀男・竹田旦・長谷川善計, 1988, 『擬制された親子──養子』三省堂.

大藤ゆき, 1968, 『民俗民芸双書26 児やらい』岩崎美術社.

───, 1982, 『子どもの民族学 一人前に育てる』草土文化.

Parsons, Talcott and Bales, Robert F., 1956, *Family: Socialization and Interaction Process*,

London: Routledge and Kegan Paul.（＝2001，橋爪貞雄ほか訳『家族──核家族と子どもの社会化』黎明書房）

三具淳子，2015，「初職継続の隘路」岩田正美・大沢真知子編著『なぜ女性は仕事をやめるのか──5155人の軌跡から読み解く』青弓社，51-89.

沢山美果子，2013，『近代家族と子育て』吉川弘文館.

汐見稔幸編，2001，『里親を知っていますか？』岩波書店.

品田知美，2004，『〈子育て法〉革命──親の主体性をとりもどす』中公新書.

品田知美・野田潤・畠山洋輔，2015，『平成の家族と食』晶文社.

Shorter, Edward, 1975, *The Making of the Modern Family*, New York: Basic Books.（＝1987，田中俊宏ほか訳『近代家族の形成』昭和堂）

田端泰子・細川涼一，2002，『日本の中世4　女人，老人，子ども』中央公論新社.

山田昌弘，1994，『近代家族のゆくえ──家族と愛情のパラドックス』新曜社.

─────，2004，「家族の個人化」『社会学評論』216: 341-354.

山田昌弘編著，2010，『「婚活」現象の社会学』東洋経済新報社.

4 家族と介護

齋藤曉子
Saito Akiko

1　家族介護の「愛」と「負担」

　茂造は，昭子の顔を見てかすかに笑ったようだ。鼻から下は入歯のせいで無表情だったが，眼もとに可愛い皺が寄った。昭子が台所に立つと，また，
「モシモシ，モシモシ」
と茂造が呼ぶ。
「オシッコですか，お爺ちゃん」
　茂造は，またにこっと笑った。まくって見ると，濡れていた。昭子が慌てておむつを取替えるのを見ていた京子は，やがて賑やかに笑い出した。
「馬鹿馬鹿しいわねえ，何がモシモシなのよ。もう私はお父さんが死んだといっても今度は来ないわよ。モシモシだなんて，馬鹿みたい」
　昭子は黙っていたが，心の中ではこのとき堅い決意を固めていた。今までは茂造の存在が迷惑で迷惑でたまらなかったけれど，よし今日からは茂造を生かせるだけ生かしてやろう。誰でもない，それは私がやれることだ。(有吉 1982: 367-368)

「恍惚の人」©TOHO CO., LTD.

　冒頭の文章は，1972年に発表された有吉佐和子の『恍惚の人』の一節である。84歳の茂造は元気だった妻が突然亡くなったショックで，記憶障害や過食など認知症の症状が現れるようになった。自分の子どもたち（引用文中に登場する娘の京子など）のことはわからなくなったが，なぜか長男の嫁の昭子のことは覚えており，彼女にだけ頼るようになる。昭子は今まで厳格だった舅の変化に戸惑い，嫁であり仕事をもっている自分だけが介護することの不公平感もあり，「迷惑」だと感じながら介護していた。しかし，介護中に目を離したすきに茂造が風呂で溺れて死にかけたことにより，「堅い決意」を決め，亡くなるまで献身的な介護をしつづけた。意思の疎通が難しくなった茂造に「子どもに返ったみたい」という昭子の眼差しは優しい。家族の老いさらばえる姿を受け入れて最後まで介護する昭子の姿は，美しい家族愛の象徴として描かれている。老いと家族介護の問題を正面からとらえた本作は，認知症という言葉もなく，急速な高齢化が漠然とした不安として「社会問題」化しつつあった1970年代に大きな反響を呼び，映画やテレビドラマなどで何度も映像化された（写真は，1973年に最初に映画化されたときのもので，行方不明になった茂造を雨

の中探し出した昭子が抱きしめるシーンである）。

　高齢化や介護というと古くからある問題のように思われるかもしれないが，日本が高齢化社会（人口における高齢者割合が7％以上14％未満）になったのはこの「恍惚の人」が登場する少し前の1970年で，比較的最近のことである。その後日本は1994年に高齢社会（高齢者の割合が14％以上）になったが，他の先進諸国よりも高齢化社会から高齢社会への変化のスピードが早く，急速に高齢化が進行した国といえる。

　急速な高齢化により要介護高齢者が増加する中で，だれが高齢者を介護するのかという問題が生じる。そこで1つ目の論点として登場したのが，「愛情をもった家族の介護は望ましい」「家族が介護するべきだ」という家族介護を当然だとする考え方である。その背景には，1970年代後半の日本の政府が，公的な福祉を充実させる西欧型福祉から，家族や地域で自助を重視する日本型福祉へと政策理念を大きく転換したことがある。これを受けて，高齢者介護においても家族の介護が福祉の重要な要素と見なされるようになった。1978年の「厚生白書」では，高齢者介護について，三世代同居率の高さを「福祉における含み資産」であると記述しており，同居の家族による介護が高齢者福祉の前提とされていたことがうかがえる。

　ただし，家族介護はこのように美しい家族愛の側面だけではない。家族の介護が社会的に認知されるにつれ，その負担にも着目されるようになった。1968年に日本で初めて高齢者介護を扱った全国調査である「居宅ねたきり老人実態調査」が公表され，70歳以上の約20万人の高齢者が在宅で十分な介護を受けられず「寝たきり」になっていること，その介護がほとんど家族（嫁が49.8％，妻が20.5％，娘が14.5％と多くが女性）にまかされていることが明らかになった（全国社会福祉協議会 1968）。この調査を契機に，その後もさまざまな実態調査が行われ，排せつ介助も十分にされない高齢者の悲惨な状況や，介護のために犠牲になる嫁の姿などが新聞やテレビなどのメディアを通じて報道された。こうした家族介護の厳しい

現実を受け，1970年代には在宅サービスの三本柱（自宅にヘルパーが訪問して家事や介護を行うホームヘルプサービスや，高齢者が日中に施設に通って介護を受けるデイサービス，高齢者が短期間施設に宿泊するショートステイなど）が出そろった。しかし，対象は所得の低い一部の人に限られており，政府は先述したように家族介護を「含み資産」としてあてにしていたため，十分なものとはいえなかった。

このような状況に対して，家族介護ではなく社会サービスの拡充を求める声があがってくる。代表的なのは，1980年代に介護を担う立場の女性を中心に発足した「高齢化社会をよくする女性の会」である。女性——とくに同居の嫁の家族介護（『恍惚の人』で実の娘や息子ではなく長男の嫁である昭子だけが介護を担っていたのもこの時代を象徴している）からの解放を目指して，政策提言や運動を行った。「イエ」制度的な老親扶養の価値観が問い直され女性の社会進出が進む中，義務や規範によって嫁だけが介護しなければならないことへの疑問が前面化したといえる。「家族が介護をすべき」という家族の介護を美徳とする１つ目の論点に反発するように，もう１つの論点として「家族（とくに嫁）のみに介護を押しつけるべきではない」がもち上がった。家族介護者の負担への着目は，公的サービスを拡充させて，家族で担っていた介護を社会全体で負担するという「介護の社会化」が推進される１つの契機となった。

このように日本の高齢者介護は，家族と社会の間で揺れ動きながら成立している。本章では，「家族が介護をするべき」「家族のみに介護を押しつけるべきではない」という２つの「べき論」に着目することで，高齢者介護における社会と家族の関係を探りたいと思う。このことは家族による介護の意味を家族社会学の視点から問い直すことにもつながる。

2　「介護の社会化」：介護保険制度と家族介護

「介護の社会化」を推し進めたのが，2000年に導入された介護保険制度

である。介護保険制度は，家族への過度な負担を軽減し，要介護者になっても高齢者が尊厳を保ち生活していくことを目的として設定された。制度導入にあたり1990年代に，施設サービスの拡充や，市町村レベルでの在宅サービスの整備，介護職の育成が急ピッチで行われ，日本における公的介護サービスの提供は大幅に増加した。また，制度上のサービスの対象は高齢者本人ではあるが，在宅サービスや施設サービスなどの公的なサービスを充実させることで，家族の負担を軽減させようという見通しもあった。

　介護保険制度は，家族の介護負担を減少させる「介護の社会化」も目的として導入されたが，介護を担っている家族への直接的な支援を制度内に設けるかどうかは，大きな論争となった。

　介護保険制度の導入における家族への現金給付に関わる論争を，当時反対派として運動に中心的に関わっていたジャーナリストの大熊由紀子は「《『現金給付は，ヨメを介護に縛り付ける』という女性たちの反対の声》対《『孝行ヨメに報いてなにが悪い』という高齢男性を中心とする推進論》」の対立であったと述べる（大熊 2010: 80）。家族介護者の立場から政策提言を行い，介護保険制度の設立に大きく影響を与えたと考えられている「高齢化社会をよくする女性の会」だが，家族への現金給付へは一貫して反対していた。介護サービスが社会的に整備されていない状態で家族介護者へ現金給付をすると，介護を義務として「担わされている」嫁が介護から逃げられなくなる，と考えていたためである。結局，政府や新聞などが行った世論調査では賛成派も多かった（厚生省高齢者介護対策本部事務局 1996）にもかかわらず，日本の介護保険制度では家族介護への現金給付は導入されなかった＿＿注1。それは，介護給付の増加による支出を抑

注1――日本では取り入れられなかったが，介護保険制度と家族支援は必ずしも排他的なわけではない。日本が参考としたドイツの介護保険制度では，要介護者の認定を日本よりも重度（日本での中程度の要介護度3以上）に設定していることもあり，家族の介護を制度的にも前提としており，現金給付だけでなく，介護者が失業した際の社会保険などの制度がある。

えたいという当時の厚生省の思惑だけでなく,「ヨメの介護からの解放」という反対運動も影響を与えたのではないか,と考えられている。

つまり,介護保険制度(制度の理念上)では,2つ目のべき論「家族のみに介護を押しつけるべきではない」が選択され,家族介護から社会的な介護へという流れの中で,公的サービスが拡充されるとともに,家族介護者への直接的な支援は見送られた。

3　家族介護の現状

3.1　高齢者を介護しているのはだれか

それでは,介護保険制度導入によって「介護の社会化」はどの程度達成されているのだろうか。厚生労働省の「平成26年度　介護給付費実態調査の概況」によると,2014年度の要介護・要支援の高齢者の約7割は,在宅サービスの利用者であり,施設で生活している高齢者は3割に満たないことから,現在も介護の必要な高齢者の多くは,施設ではなく自宅で生活していると考えられる。

そこで,自宅で生活する高齢者をだれが介護しているのかを「国民生活基礎調査」から見てみよう。図1は主たる介護者を示すグラフである。2000年の介護保険制度の導入以降,事業所の割合は増加しているが,直近の2013年でも全体の1割強程度だ。一方,家族や親族による介護が7割以上あることをみると,介護保険制度が導入されてからも,家族による介護が中心となっているといえよう。家族の中でも,2013年では子が29.4%と最も多く,続いて配偶者26.2%,さらに子の配偶者12.2%となっている。近年になるにつれ,子による介護の割合が少しずつ増加する一方で,子の配偶者による介護は大きく減少している。

さらに,主たる介護者全体の6割を占める同居の家族介護者について,図2でくわしくみていこう。同居の場合,最も多いのが妻の28.6%,次が娘の19.1%,嫁の17.8%となっている。同居の家族介護者の約7割は

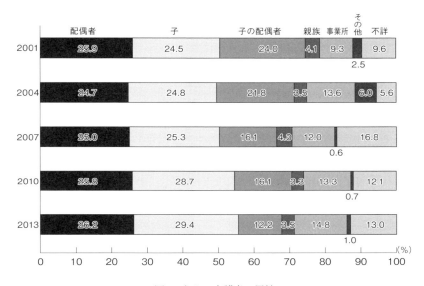

図1　主たる介護者の属性
（出典：「国民生活基礎調査」介護票データをもとに作成）

女性であり，家族の介護を女性が担うという状況は1970年代から大きく変化していないようにも見える。ただし，女性介護者の割合を引き上げていた嫁は10年で大きく減少したのに対して，男性介護者の中でも息子介護者の割合は増加しており，娘介護者や嫁介護者と同程度になっている。一方で，夫婦間の介護では夫の2倍妻が介護者になっている傾向に大きな変化は見られない。これは，高齢者世代の人たちが「介護は女性が担うもの」という性別役割分業意識が強いというだけでなく，結婚時に男性のほうが年上である慣習や，男性よりも女性のほうの平均寿命が5歳以上高いことが影響していると考えられる。

　以上をまとめると，介護保険制度導入によって介護サービスが利用できるようになっても，以前と同様に家族が中心となって介護をしていたが，家族内でだれが介護者となるのかは変化しており，嫁にかわって実の娘や息子が介護をするようになってきている。

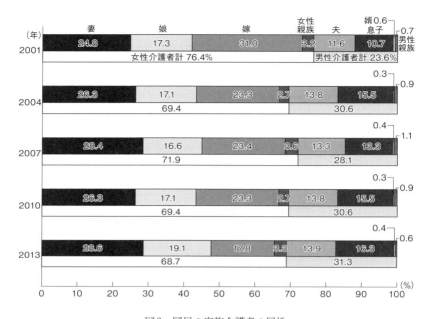

図2　同居の家族介護者の属性
（出典：「国民生活基礎調査」介護票データをもとに作成）

　では，嫁のように義務ではなく，子どもや配偶者が愛情にもとづいて行う介護ならば問題はないのだろうか。次に，現在最も介護を担っている子ども介護者に着目し，筆者のこれまで関わった調査から，親子間介護の特徴的な二つの事例＿＿注2を検討しながら，介護保険制度下の家族介護の内実を見ていこう。

3.2　家族介護の内実
娘による介護：介護の身体的負担と母への思い

　一人娘のAさん（60代）は，同居の母親（80代）の介護をしている。7年

注2——1つ目のAさんの事例はケアリング研究会の共同研究（ケアリング研究会編 2012），2つ目のBさんの事例は個人研究（齋藤 2015）の一部である。

前に母親が手術によって自分で排泄するのが少し難しくなったときに，フルタイムで働いているAさんは，「何かあったら不安だから」と介護サービスを利用しはじめた。母親は要介護度が低く，自分である程度のことはできていたが，2年前に胃潰瘍で入院した後，急に寝たきりになり，最も重度の要介護5の認定を受けた。一方，Aさんは，重い物を持つと身体にしびれが生じるという難病を発症，フルタイムで勤めていた仕事を早期退職して，母親の介護に専念した。

　Aさんのように，家族の介護を理由として離職する人は現在全国で8万人以上いる___注3。日本には介護休暇の制度はあるが，期限がある程度予測できる育児休暇と異なり，「期限のない」介護を一時的な休暇によって賄い，仕事と両立することは実際には難しい。離職によって収入が断たれると，Aさんいわく「介護をしている人の，働こう（と）思っても働けない」生活の経済的な問題も出てくる。つまり，介護者である子どもが仕事をもつ年代の場合，自身の社会生活のニーズと介護の間でどのように折り合いをつけるのかが課題となってくる。

　こうして主たる介護者となったAさんであるが，病気をもつAさんにとって比較的大柄な母親を抱えての身体介護はたいへんなようだった。

　　Aさん：結局，（家で介護を）2週間くらいすると全部身体が痛くなっちゃって。（母親が）ショートステイに行ってくれるとだんだん身体が伸びてくるというか（楽になってくる）。（介護をしているときは）ものすごい痛いですからね。もともと左半身はしびれているでしょ。（中略）
　　（ヘルパーが来ても）休めないわよ。一緒に（介護を）やることも

注3──厚生労働省の2014年度「雇用動向調査」によると，2014年の1年間で介護を理由に離職した人は約8万8000人であり，男性1万3000人，女性7万5000人とそのほとんどが女性である。また，雇用形態は女性の場合は非正規労働者が多い。

多いし．

　Ａさんは，母親がショートステイやデイサービスなどの通所サービスに行っているときに身体を休めることで，何とか介護を継続していた．しかし，Ａさんの母親は，こうした通所サービスをあまり好まない（できれば行きたくない）と思っているため，利用する回数を増やすこともできない．

　娘として母親の介護をするＡさん自身にも，一人息子と二人の孫がいる．たまに孫の面倒もみているＡさんは，「サンドイッチ世代」（親の介護と孫の育児の両方のケア責任を担う世代）にあたるが，介護とくらべて体重が軽い孫の世話は楽だと感じるそうだ．「要介護度が高くなるにつれて，（介護される高齢者の）身体が小さくなったらいいのに」というＡさんの言葉には，成長するにつれてケアの負担が減っていく育児とは異なり，ケアの負担が増えても身体の大きさは変わらない高齢者介護のたいへんさが感じられる．ほかにも，育児と異なり見通しのない高齢者介護について，Ａさんは「自分がね，どこまでできるかって本当に不安」だと述べている．献身的に親の介護をしているＡさんだが，息子に「そういう（介護する）人生を送らせても可哀想でしょ」と，自分は施設に入るつもりだ．このように自身が家族介護者となりながらも，家族には介護者になることを望まないという考え方は，Ａさんに限るものではない．大和礼子は，女性が介護する側になった場合は家族を介護したいと思うが，介護される側になった場合は，家族に迷惑をかけずに専門家にみてもらいたいと思う傾向があることを指摘している（大和 2008）．

　しかし，どれほど介護がたいへんでも，Ａさんは母親を施設に入れることには抵抗があった．以前，Ａさんは特別養護老人ホームの見学をしたこともあったが，娘に家でみてもらうことを強く望む母親のことを考えると，施設に入れるという「踏ん切りが」つかなかったそうだ．身体的な負担は大きいが，「なんとかできるかぎりは介護を続けたい」と語ってい

た。

息子による介護：認知症の母へのとまどい

7人きょうだいの長男のBさん（70代）は、妻と一緒に、同居の母親（90代）を介護している。母親は4年前に足腰が弱ってきたために介護認定を受け軽度に認定されていたが、その頃、突然母親が「家の中でものがなくなる、嫁に盗られた」と言うようになった。

> Bさん：わりとまだ息子の言うことは信頼していたんで、「おばあちゃんあんまりなくなるんなら、俺が財布を預かるよ」っていうことで。そしたら「お前預かってくれ」って、預かることになったんです。それから、その辺のことが収まってきて、それでほっと。それにつれて、医学的にいわゆる認知の症状がじわじわじわじわ出てきて。(中略)
> 　だからおばあちゃんは老人性の普通の呆けだと思うんですよね。するとね、実際問題に、どこかの病院連れていくとかね、できないですよ、家族は。だからなんかの病気になっていくとかだったらできますけど。意識も何もしっかりしているのに、病院に行く、まず、納得しないですよね。

それまで普通だった母親の様子が変わったが、普通のときもあり、はっきりとした「病気」にも見えない（Bさんの母親の言動は、「物盗られ妄想」という認知症の症状の1つだが、Bさんはそれを病気だとは認識していなかった）。身近な家族だからこそ母親の言動に振りまわされ、Bさんは「その時期がわれわれにとって一番つらい時期」だったと述べる。一度落ち着いたかに見えた母親の状態が大きく変化したのはここ半年だという。

> Bさん：(父が亡くなって)一人になってもずっと2階に住んでいたんです。で、だんだん足が弱ってきて、ころがり落ちると困る

んで，改装してここ（1階）に移したんです。それが去年の夏。で，環境を変えるといろいろ認知のもの（認知症）が増すって言いますよね。われわれも覚悟していたんですけど，想像以上に進みましたよ。この半年については，別人のようです。別のところに引っ越したと思っているんです。それで，身体のほうは，現在はかろうじてトイレだけ今のところ行かせるようにしています。ここに寝ているんですが，ここの導線を通って，ここがトイレ。ところが，ここ2,3日足がガクンガクンするようなことがあって。そこにおまるさんを置いたんですが，今試しはじめているところです。

認知症が急速に進んだ結果，要介護度も2から5へと跳ね上がった。それまで自分でできていた排泄も，介助が必要になった。日常生活の大きな変化に戸惑いながらも，Bさんは息子として，「母親らしさ」を損なわないように介護をしていきたい，と考えていた。

母親の介護については，専業主婦であるBさんの妻が食事などの家事を中心に行い，身体介護などをBさんが担当している。認知症になった母は，嫁であるBさんの妻の介護に抵抗したり，気分によっては口調が強くなり，つらくあたったりすることがあるため，排泄や入浴をともなう介護はBさんの役割になった。それに加え，年金などのお金の管理とともに介護サービスの窓口や事業所とのやりとりもBさんが行っている。サービスの利用を始めたばかりの頃，母親がデイサービスに行くのを嫌がっていたので，Bさんが付き添って一緒に通った（現在は「学校」だと説得してなんとか調子のいいときは行ってもらっている）。

協力して母を介護してくれる妻に対してBさんは，「いや，本当に僕は息子だからあれだけど。本当にね。嫁さんには，口では悪口言っているかもしれないけど，頭があがんないですよ」と感謝の気持ちを述べていた。Bさんの語りには「長男の嫁」が介護するべきだ，という意識はあま

りみられない。同居の嫁介護者の減少と息子介護者の増加傾向の背景には，この事例のように，嫁と協力しながら息子が介護において中心的な役割を果たすこともあるのではないか。

この事例でもう1つ特徴的なのは，介護者である子ども世代の年齢である。子どもといってもBさん自身も70代と高齢者にあたる。平均寿命がのび，日本の後期親子関係（高齢期の親と子どもの関係）の期間が長期化する中で，介護者である子世代も高齢化している（先述した「国民生活基礎調査」の2013年の子ども介護者においても，最も多いのが50〜69歳の中高年世代である）。「老老介護」の問題は，夫婦間介護だけでなく，親子間介護にも見られるようになってきている。

これらは，重度の高齢の親をみる子ども介護者たちの事例である。子どもたちは，自分以外にみる人がいない，また家族が自分に介護されることを望んでいるということで，介護の役割を引き受けていた。もちろん，家族介護者だけですべての介護ができるわけではなく，介護保険制度の在宅サービス（ホームヘルプサービス，デイサービスやショートステイなど）を利用している。2つの事例ともケアマネジャーやサービス提供者と比較的良好な関係を築けており，決して家族だけで介護をしているわけではない。それでもなお，要介護高齢者が自宅で生活する場合に，家族の果たす役割は大きい。

4 介護の「再家族化」と家族介護者支援の動き

前節では，介護保険制度が導入されたからといって，すべての介護が社会的に担われるようになったわけではなく，高齢者の多くが自宅で家族にも介護されている状況があることを確認した。また，家族介護は，愛情をもって接することができるという側面がある一方で，家族だからこそ生じる苦悩や葛藤があることも見えてきた。では，介護保険制度は，その後どのように展開しているのか。さらなる「介護の社会化」を推し進

めているのだろうか。

　現在に至るまでのたび重なる改正で，介護保険制度が提供する介護の範囲は縮小されている。2005年の改正では，「自立支援」（基本的には高齢者が自分でできることを行い，サービスはそれを助ける役割を果たす）という理念とともに，要介護の下の要支援を1・2と区分けした。それによって，軽度（要介護1・2）の人たちの多くが，サービスの利用上限が低いこの要支援に割りふられ，以前よりもサービスが利用できない状況になっている。さらに，改正によって新しく設立された地域包括支援センターに対して行った調査から，サービスプランの「適正化」の名のもとで家族要件（家族の状況をサービスの利用の可否判定に用いる）が強化されていたという事実も確認されている（ケアリング研究会 2007）。藤崎宏子は，このように介護保険制度の導入でいったん社会化されたはずの介護が，改正によってまた家族の責任とされつつある状況を，介護の「再家族化」と定義している（藤崎 2008）。

　さらに，2014年の改正では，要支援1・2という軽度の高齢者への訪問サービスや通所サービスが介護保険事業の対象外となり，地域支援事業という自治体の事業へ移行することが決定された。また，特別養護老人ホームへの入所がこれまでの要介護度1以上から要介護度3以上の高齢者に限られることになった。地域支援事業の介護サービスの見通しは不透明で，これまで受けていたサービスを受けられない高齢者への介護を家族が担う状況になるのではないか，と懸念されている。

　このように介護保険制度は，家族要件の強化や実質的なサービスの削減など，公的な範囲を縮小させて家族の役割を（制度上明言はしていないが）拡大させてきているのである。一方で，導入時に家族への現金給付の導入が見送られたまま，介護保険制度の中に家族を直接の支援対象とする制度は組み込まれていない。介護保険制度導入後の家族介護者支援は自治体の任意事業となり，介護教室や家族介護者への現金給付や現物給付などが行われているところもあるが，自治体間に差があり十分なものと

はいえない。

　こうした状況の中，あらためて家族介護者への支援が議論されている。家族介護者の権利がいち早く着目され，法的に認められたのはイギリスである。1980年代に設立された全国家族介護者の会（Carers National Association，後のCares UK）によるロビー活動に対応するかたちで，1995年に家族介護者法（Carers〔Recognition and Services〕Act）が制定され，高齢者だけでなくその家族も，ニーズをもつ存在として，サービスやアセスメントの対象となった。その後，家族介護支援の動きは各地に広まり，EU全体の家族介護者支援の団体EuroCarersが設立され，公的な介護が充実している北欧モデルのフィンランドでさえ，家族介護者支援制度が拡充されつつある（笹谷 2013）。

　家族介護者支援を求める動きが日本でみられるようになったのは，つい最近のことである。2010年に設立された一般社団法人「日本ケアラー連盟」は，高齢者介護に限らず障害者などのケアを必要とする家族を無償で介護する人びとを「ケアラー」として，「介護を必要としている人も介護者も，ともに自分の人生の主人公になれる共生の社会をつくることを目指」すために，家族介護者の調査研究にもとづいた介護者支援策の提言を行っている。具体的には，地域ごとにケアラーが相談や情報共有を行えるセンターの設立や，ケアラーを対象としたアセスメントや経済的支援などの内容を盛り込んだ「ケアラー支援推進法」を提案している（日本ケアラー連盟HP）。介護保険制度導入以前の運動が，介護からの解放を目指して家族介護者への直接的な支援に反対する方向だったのに対し，介護保険制度以降に登場した運動は，家族介護者を支援の対象として制度化する方向を目指しているのである。

5　「べき論」を超えて見えてくるもの

　以上，日本の社会における高齢者介護が，家族と公的な制度の中でど

のように展開してきたのかをたどってきた。家族と介護についての2つの「べき論」をめぐって，社会における家族介護の位置づけがどのように変容してきたのかが理解してもらえたのではないだろうか。

まず，「家族が介護をするべき」という議論は，家族が介護することを理想化し，介護をしたくない人にまで介護を強制したり，公的に担う必要がある部分の介護まで家族に押しつけたりする危険性がある。介護保険制度の導入時に広く議論された「嫁の介護からの解放」は，この問題点を重視している。

では，「家族のみに介護を担わせるべきではない」という議論を推し進めればよいのか。本来この論点は，家族が介護すること自体を否定していない。しかし，嫁に象徴されるような介護をしたくないのに担わされている人たちの問題が焦点化されることで，実際に家族の介護を担っている人たちへの支援が立ち遅れるという事態になってしまった。家族を介護しないという選択を可能にすることは大切であるが，それと同時に家族を介護するという選択をした場合にも，介護者に不利益が生じないようにすることも大切である。現在の介護保険制度が，直接的に家族介護者を支援することなく公的サービスの範囲を狭め，介護の「再家族化」を進めている状況は，両方の選択を難しくする可能性がある。家族が介護をしないという選択を可能にするためには，介護保険制度の在宅サービスを家族の介護力を前提とするのではなく，高齢者個人単位で供給していくことが必要だろう。一方で，家族が介護するという選択を可能にするためには，家族介護を社会的に位置づけ，家族介護者への支援を制度化することが必要になってくる。

これから家族と介護について私たちが考えていく必要があるのは，単純な「べき論」ではなく，現実の社会と家族との関係に即した支援の方向である。家族が介護をする／しないという選択をできるような環境整備をしたうえで，家族が介護を担う場合は，社会全体で支える仕組みをつくっていくことが求められる。

参考文献

有吉佐和子，1982，『恍惚の人』新潮文庫．
大熊由紀子，2010，『物語介護保険（下）——いのちの尊厳のための70のドラマ』岩波書店．
藤崎宏子，2008，「訪問介護の利用抑制にみる『介護の再家族化』——9年目の介護保険制度」『社会福祉研究』103: 2-11．
ケアリング研究会編著，2007，『介護保険制度「改革」とケアリング関係の変容——地域包括支援センターへのヒアリング調査から』．
————，2012，『地域ケアミックスの変容と高齢者を取り巻くケアリング関係——A市における高齢者の生活とケアに関する調査』（H22-24科研費基盤B，課題番号22330171研究報告書〔研究代表者 山口麻衣〕）．
厚生省高齢者介護対策本部事務局，1996，『高齢者介護保険制度の創設について——国民の議論を深めるために』ぎょうせい．
厚生労働省，『国民生活基礎調査介護票（平成13年，16年，19年，21年，25年」）』（2016年6月5日取得：http://www.e-stat.go.jp/SG1/estat/NewList.do?tid=000001031016）．
厚生労働省，2015a，『平成26年度　介護給付実態調査の概況』（2016年6月5日取得：http://www.mhlw.go.jp/toukei/saikin/hw/kaigo/kyufu/14/）．
————，2015b，『2014年度雇用動向調査　離職者』（2016年7月1日取得：http://www.e-stat.go.jp/SG1/estat/GL08020101.do?_toGL08020101_&tstatCode=000001012468&requestSender=dsearch）．
日本ケアラー連盟HP（2016年7月1日取得：http://carersjapan.com/index.htm）．
齋藤曉子，2015，『ホームヘルプサービスのリアリティ——高齢者とヘルパーそれぞれの視点から』生活書院．
笹谷春美，2013，『フィンランドの高齢者ケア——介護者支援・人材養成の理念とスキル』明石書店．
大和礼子，2008，『生涯ケアラーの誕生——再構築された世代間関係／再構築されないジェンダー関係』学文社．
全国社会福祉協議会，1968，『居宅ねたきり老人実態調査報告書』．

Part 2

家族の今について理解を深める

5 社会階層と家族

吉田　崇
Yoshida Takashi

1　「子ども」の貧困

　近年,「子どもの貧困」という言葉を目にすることが多くなった (阿部 2008; 子どもの貧困白書編集委員会 2009 ほか)。厚生労働省「平成25年国民生活基礎調査」によれば，2012年の子どもの貧困率は16.3%（全年齢の貧困率は16.1%）であり，じつに子ども（17歳以下）の 6 人に 1 人が貧困状態にあることがわかる（図 1）。さらに，子どもがいる現役世帯で「大人が 1 人」すなわち「ひとり親世帯」（母子世帯または父子世帯にほぼ相当）の貧困率は54.6%にものぼる。

　これらの数字に対してどのように感じるだろうか。また，「貧困」と聞いてどのような状態を思い浮かべるだろうか。当然，人によって貧困イメージは異なるので，数字のもつ印象も異なるだろう。最初に確認しておくと，貧困をどう定義するかはじつは難しく，複数の考え方がありうる。くわしくは後述するが，上記の数字は国際比較で広く用いられている基準にしたがって求めた相対的貧困率である。

　日本は貧困率・子どもの貧困率のいずれにおいても，OECD（経済協力開発機構）の平均（それぞれ11.4%，13.3%）を上まわり，母子世帯の貧困率にいたってはOECD諸国の中で最悪の値となっている（内閣府 2015; OECD

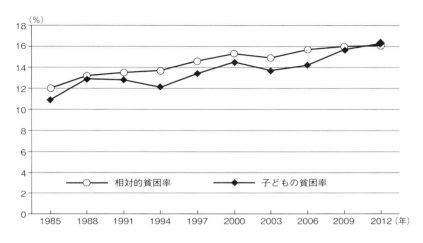

図1　貧困率・子どもの貧困率の推移
（出典：厚生労働省［2014］より作成）

2016）。さらに，図1からもわかるように，日本における貧困率は過去20年以上にわたってほぼ一貫して上昇を続けている。このことは，貧困に対して十分な対策がとられてこなかったことを示唆している。

こうした「子どもの貧困」に私たちが敏感なのは（あるいは敏感にならざるをえないのは）なぜだろうか。「子どもには平等なチャンスが与えられなくてはならない」「生まれた家庭によって不利があってはならない」といった機会の平等という価値に反するからであろう。社会的関心の高まりもあって，2013年には「子どもの将来がその生まれ育った環境によって左右されることのないよう（後略）」子どもの貧困対策に取り組むことを定めた「子どもの貧困対策の推進に関する法律」も成立している。

それでは「子ども」の貧困だから問題なのだろうか。生まれる家庭を選べない子どもの段階で不利があってはならないのは当然といえる。しかし，このことは，子どもの貧困だけが問題であることを意味しない。不平等の程度を客観的に記述する「格差」という言葉とは異なり，貧困は「社会にとって容認できない」「あってはならない」という価値判断を含

む概念である(岩田2007)。その意味で，子どもの貧困に限らず，どの世代のものであっても貧困が改善・解消すべき問題であることに注意したい。

本章では，「格差社会」と呼ばれる今日，ますます重要性を増している社会階層論によるものの見方，分析視角を紹介したうえで，社会階層と家族の問題について考える。家族の問題といっても幅広いが，ここでは身近な進学というテーマを取り上げてみたい。大学進学の行為主体は個人というよりも家族(家計)だからである。

なお，冒頭では格差問題の代表ともいえる貧困を取り上げたが，じつをいうと貧困は社会階層論の中心的なテーマではない。これにはいくつかの理由が考えられるが，高度経済成長により「豊かな社会」が実現した日本では，貧困問題は解消したという楽観的な認識があったことは否めない。また，後述するように社会階層論では職業を重視するため，職業があれば陥ることの少ない貧困については関心が向かなかったことも大きい。

2　社会階層論の分析視角

ここでは社会階層論のアプローチを把握するために，いくつかの概念を解説する。はじめに，社会階層と社会移動について概説したうえで，不平等を2種類に区別する考え方を紹介する。最後に，社会階層・社会移動のデータをどのように収集し，不平等をどのように測定するか，についても簡単に解説する。ところによっては，ややテクニカルな議論も含まれるため，最初は読み飛ばして構わない。

2.1　社会階層とは何か

社会階層(social strata)とは聞き慣れない言葉かもしれないが，地層のように社会が層化された状態を考えればわかりやすい。社会的資源の保有の多寡によって階層の高い・低いが定まり，社会的資源が不平等に配

分された状態を階層構造と呼ぶ。社会的資源とは，希少で人びとの欲求の対象となるもので，所得，資産，職業，学歴，権力，名声などがある。これらの中で，社会階層論が最も重視するのが職業である。職業は所得の源泉であり，生活の基盤をなすからである。

社会階層と類似する，というよりも社会階層概念の母体となる概念に**社会階級**(social class)がある。マルクスの階級論では生産手段(土地や工場，そして資本)の所有・非所有によって資本家と労働者を区分する。これに対しウェーバーは，生産手段だけに限定せず，社会的資源の保有を多元的にとらえ，それらの獲得機会すなわち生活機会（ライフチャンス）に差がある状態として階級を捉えている。階級と厳密に区別して階層概念を使用することもあるが，欧米では一般に階級と呼ぶことも多いため，呼称の違いに厳密にこだわるのは生産的でないだろう。

以下，職業にもとづく階層分類について説明しよう。社会階層論で重視される職業とは，個人が継続的に遂行している収入をともなう仕事のことをいう。狭義には仕事の内容（職種）を指す。職業の種類は，数え方によってさまざまで，日本標準職業分類では300以上，後述する「SSM調査」でも200近い小分類が存在する。しかし，そのまま分析に用いるのは煩雑で実用性に乏しいため，これらを大括りにした日本標準職業分類の大分類（11分類）やSSM職業大分類（専門，管理，事務，販売，熟練，半熟練，非熟練，農業の8カテゴリー）といった粗い区分が用いられることが多い。

職業は，広義には，従業上の地位（雇用／被雇用の別や被雇用者における正規／非正規の別など），産業（個人が従事する職業ではなく事業所が営む活動。たとえば金融業や製造業など），役職という側面を含む。さらに，日本では規模による所得格差（賃金以外に住宅補助や休暇などの付加的給付を含む）が大きいため企業規模の情報も重視される。これらの情報から，職種（ホワイトカラー（W）とブルーカラー（B）の別）と従業上の地位（自営業と被雇用の別）に企業規模（300人以上の大企業か，300人未満の中小企業か。以下，大，小と表記する）を組み合わせたSSM総合職業8分類（専門，大W，小W，自営W，大B，小B，自営B，

農業）も考案されている（原・盛山 1999）。

　これら以外に，階級概念を用いて計量分析を展開する橋本健二は，同じく職業や従業上の地位を組み合わせ，資本家階級，労働者階級，新中間階級，旧中間階級という4つの階級カテゴリーを操作化している（橋本 2013 など）。また，社会階層と社会移動の国際比較の研究では，ジョン・ゴールドソープらによって考案された EGP 階級分類が用いられることが多い（竹ノ下 2013）。

　以上のように，今日では社会階層あるいは階級を質的なカテゴリーとして捉えることが多いが，職業を量的な数値（得点）として把握する試みもある。その代表に，社会経済的地位スコアや職業威信スコアがある。日本の階層研究でしばしば用いられる職業威信スコアは，社会調査によって人びとの職業についての評定の平均値を求めたものである。量的に把握すると，さまざまな計量分析に応用しやすいというメリットがある一方で，一次元の数値として捉えることに対しての批判もある。

　最後に，伝統的な階層概念では十分に捉えることのできない問題を2点述べておこう。1つは無職の扱いである。社会階層論の関心は基本的には有業者にあるため，無職は階層分類に含まれず，通常は分析から除外される。しかし，専業主婦（主夫）を無視することに抵抗を感じる人もいるだろう。また，研究関心によっては若年無業者や失業者の分析が不可欠であろう。2つ目の問題は，非正規雇用の扱いである。非正規雇用は一般に，パート・アルバイト，派遣社員，契約社員，嘱託社員などが含まれ，ひとくくりに捉えること自体にも問題があるが，これまでの代表的な階層分類は非正規雇用を考慮しない分類であった。しかし，雇われて働く人の3人に1人が非正規雇用である今日の状況を考えると，非正規を階層論の枠組みに適切に位置づけることが求められている。なお，橋本健二は労働者階級の中でも非正規雇用を「アンダークラス」として区分している（橋本 2013）。

2.2 社会移動という観点

前近代の身分制社会から，近代社会が成り立つためには属性主義から業績主義への転換が必要であるといわれる。つまり，だれであるか（人種，性別，家柄など）でなく，何ができるか（能力・実力）によって人員の配分を行うという考え方である。たとえば，生まれに関係なく，その人が身につけた学歴によって高い職業に就くことができるといった社会である。

社会階層論ではこうした近代社会の原理がどの程度浸透しているか，あるいはどの程度前近代的な性格を残しているのか，に関心を寄せてきた。これは，親と子の職業（階層）を比較するというアイデア，すなわち社会移動（social mobility）の測定により確かめることができる。一般に，移動というと地理的なものを指すが，社会移動は社会的地位（すなわち職業や学歴，あるいは所得といった社会階層）という空間での移動を意味する（地位の梯子のようなものをイメージするとわかりやすい。ただし階層概念は必ずしも上下の関係を前提としていない）。ここでの移動は比喩であり，実際には2つの時点での階層を比較することを意味する。社会移動は，親と子（世代間移動）と個人のキャリアにおける移動（世代内移動）の2つを考えることができる。社会移動の大きさは，社会がどれだけ流動的，開放的であるかの目安となり，社会の不平等構造（の持続性）を考える上で重要な情報となる。

2015年SSM調査を用い，世代間の移動表を作成すると表1のようになっている。ここでは20歳から69歳の男性に限定し，SSM総合職業分類を用いた。

左側（表側という）にあるのが父親の職業，上（表頭）にあるのが本人の現職であり，たとえば，父親が専門職だった155人のうち，子も専門職が66人，子が大Wは37人，……といった具合に読む。数字（度数，人数）だけ見ても傾向はわからないので，パーセントを求め，父親が専門職のうち，子も専門職が43％（66÷155×100）で，子が大Wは24％（37÷155×100），……となる。ここからわかるのは，網掛けをした対角線部分の比率が高くなる傾向にあるということだ。網掛けのセルの合計（66＋79＋…＋71＝

表1　世代間移動表

15歳時父職	本人現職								合計
	専門	大W	小W	自W	大B	小B	自B	農業	
専門	66	37	15	10	7	14	5	1	155
大企業ホワイト	85	79	47	13	31	37	12	2	306
小企業ホワイト	36	52	31	19	21	36	4	2	201
自営ホワイト	39	36	24	56	16	31	14	2	218
大企業ブルー	30	49	22	8	34	29	11	0	183
小企業ブルー	43	59	68	14	68	149	24	8	433
自営ブルー	34	38	27	19	24	69	73	5	289
農業	18	38	33	13	34	83	33	71	323
合計	351	388	267	152	235	448	176	91	2,108

注：20～69歳の男性に限定，現職の自は自営の意味。
(出典：2015年SSM調査を集計)

559）が総度数（2108）に占める比率を非移動率といい，26.5％（559÷2108×100）となる。逆に，対角セル以外の部分が移動率となり，事実移動率（粗移動率）は73.5％（100 − 26.5）となる。この数字を大きいとみるか小さいとみるかは，1時点のこの表だけからは判断できないが，7割以上の人びとが親と異なる職に就いていることがわかる。なお，この数値は職業カテゴリーの区分の仕方でも異なってくる。一般に，細かく分ければ分けるほど移動率は大きくなる。たとえば表1の例では，父が弁護士で子が医者になった場合は，同じ専門職として非移動とみなすが，それらを分けた区分を用いれば移動とカウントされる。どこまでが同じ職業とみなせるかは議論の余地があり，数字だけでなく，カテゴリーの区分や数にも注意して読み取る必要がある。移動指標にはこれら以外にもさまざまなものがあり，詳細は原純輔・盛山和夫（1999）などを読んでほしい。

2.3 機会と結果の不平等

　格差社会論で取り上げられる不平等は多岐にわたり，議論や論点が錯綜することも多いので，見通しを得るのも容易でない。こうした格差論の嚆矢は，所得格差の拡大を論じた橘木俊詔（1998）と世代間移動の分析によって上位階層の閉鎖化（固定化）を論じた佐藤俊樹（2000）に求めることができる。当時は，「一億総中流社会」が信じられてきたため，これらの議論は社会に大きな衝撃をもたらした。ところで，「格差社会」という語を用いて新聞記事をキーワード検索すると2003年以前の記事数はゼロとなる。もちろん，それ以前に格差が存在しなかったことを意味しない（それではなぜ格差社会の記事がゼロ件になるのだろうか，考えてみよう）。

　さて，こうした格差や不平等の問題を交通整理する第一歩として，不平等を機会と結果という2つの側面に分けて考えることが有効である。たとえば，所得や資産の格差は何らかの経済活動の結果によって生じたものであり，「結果の不平等」という。これに対し，何らかの資源へのアクセスに差がある場合を「機会の不平等」という。この2つを区分することで，不平等の議論の見通しはだいぶよくなる。

　このような区分を用いると，不平等はすべて解消すべきという結論にならないことに注意したい。完全な平等主義に徹して，成果に応じて報酬に差がなければ，やる気（インセンティブ）を削ぐことになり，結果として経済活動の停滞につながりかねない。したがって，ある程度の結果の不平等は社会の活力を生むために必要であると考えるのが，資本主義社会では一般的である。もちろん「行き過ぎた」「許容できない」不平等は，貧困として解決する必要がある。ここで，冒頭の「子どもの貧困」について改めて考えると，貧困は結果の不平等に含まれるが，子どもの貧困も結果の不平等とみなせるだろうか。少なくとも，子どもにとっては結果というよりも自ら選ぶことのできない環境である。このことから，不平等を機会と結果の2側面に分けて考えることが有効ではあるが，結果の不平等は機会の不平等に転化しうることに留意する必要がある。そして，

これも「子ども」に限った話ではないこと注意しよう。

2.4 社会階層を調査する

日本全体の階層構造をとらえるためには，「国勢調査」や「就業構造基本調査」あるいは「労働力調査」といった国による統計調査の結果を利用することができる。こうした官庁統計はサンプルサイズも十分あり，信頼性が高いという利点がある。しかし，公表された集計データを用いることが一般的なので，自由に再集計することができない。また，調査対象者についての情報はあるのだが，社会階層論が関心を寄せる出身階層に関する情報は皆無である。出身階層の情報を得るには社会調査を実施するほかない。そこで，国際的な調査プロジェクトの一環として，日本では日本社会学会が中心となって1955年に第1回の「社会階層と社会移動全国調査」(Social Stratification and Social Mobilityの頭文字をとって「SSM調査」と呼ばれる)が実施された(なお，当時は「第1回」という呼称はつけられていない)。SSM調査はその後も社会学者が中心となって10年ごとに実施され，現在では2015年に7回目の調査が実施され分析が進められている。

SSM調査では，学歴や職業(上述の複数の側面)，収入といった客観的な項目だけでなく，階層帰属意識や性別分業意識を比較可能なかたちで尋ねており，戦後日本の階層構造とその変化を捉えることができる。また，本人(調査対象者)の職業だけでなく，父親，母親，配偶者といった情報もある。さらに，SSM調査では職業経歴についても尋ねている。これは学校を出てから就いた仕事(初職)から調査時の職業(現職)までを切れ目なく尋ねたもので，たとえば初職がフリーターだった人がその後のキャリアで正社員になったかどうかや，結婚や出産といったライフイベントの際に就業継続したかどうかといった問題を，世代や学歴ごとに調べることが可能である。なお，調査対象に女性が含まれるようになったのは1985年調査からである。

さて，SSM調査では自由記述によって職業の回答を求めている。会社

員として働くことが一般化した今日，職業を聞かれると「サラリーマン」（あるいはOL。これは和製英語）という答えが多くなる。しかし，サラリーパーソンは給与所得者という意味で，職種としては事務も販売も製造もありえる。したがって，この回答では職業（職種）を特定できない。「自営業」や「公務員」といった回答も同様である。社会調査で職業を質問する際には，「サラリーマン」「自営業」といった答えでなく，仕事内容を答えてもらうよう（調査員に対して）指示しなければならない。郵送調査などの自記式調査ではさらに工夫を要する。興味がある人は，盛山（2004）などの社会調査のテキストを参照してほしい。

　最後に，不平等の測定方法についても概観しておこう。機会の不平等は，表1で示した移動表・クロス表の分析でアプローチすることができる。結果の不平等は，ジニ係数をはじめとする各種不平等指標で測定可能である。冒頭で紹介した貧困率も不平等の指標である。貧困の定義は，絶対的貧困と相対的貧困とに大別できる。ここでは相対的貧困についてのみ取り上げよう。相対的貧困は，等価可処分所得の50％として定義され，それ以下の割合が貧困率となる。可処分所得というのは，所得から税や社会保障費を差し引いたものである。等価というのは世帯員数の違いを考慮したもので，具体的には世帯員数の平方（ルート）で割ったものである。これは規模を調整するための便宜的な方法で，唯一絶対の方法ではないが，世帯構造を細かく比較するのは困難なので簡便法としてこの方法がとられることが多い。さらに，これを小さいほうから並べて真ん中となる値を求め（中央値），その50％が相対的貧困基準となる。図1に示した貧困率に関しては，貧困基準は122万円となる（厚生労働省 2014）。

3　家族と教育機会の問題

　ここでは社会階層と家族に関する問題のうち，多くの学生にとって身近なテーマといえる，出身階層と教育達成，家族構造と教育機会という

2つのトピックを取り上げよう。もちろん，階層と家族に関するテーマはこれだけにとどまらない。

3.1　出身階層と教育達成

はじめに，戦後，日本では教育が拡大したことを確認しておく。文部科学省「学校基本調査」によれば，1950年には男子48％，女子37％だった高校進学率は高度経済成長期に上昇を続け1970年代には男女とも90％を超え，1970年代には30〜40％だった高等教育（大学と短大，および高専）進学率も，1990年代に入って一貫して上昇を続け，2000年代には50％を超え，マーチン・トロウ（1976）のいう「ユニバーサル段階」に至っている。なお，2000年代に入って「大学全入」という言葉を聞くことがあるが，大学全入の時代にあっても大学進学率は50％を超える程度で，100％には遠く及ばないことも知っておこう（なぜか。大学全入の定義を調べて考えてみよう）。さて，このような教育の拡大は出身家庭によらず恩恵をもたらしたのだろうか。

原・盛山は，1955年から1995年までのSSM調査を用いて，親の職業による進学率の格差が，高校に関しては1970年ごろにほぼ解消したのに対し，高等教育（大学，短大，高専）に関しては階層間の格差が1980年代になっても縮まっていないことを示した（原・盛山 1999）。教育を消費の側面から捉え，「基礎財」の平等化は進んだが，「上級財」に関しては依然として不平等なままとしている。以上の分析は，1990年代以降の進学は含まれないが，より新しい世代に関しても同じことがいえるのだろうか。次に示したのは，原・盛山とほぼ同様の手続きで，「日本版総合社会調査（JGSS）」の2001-03，05，06年のデータを用い，父職（SSM総合8分類）ごとの男性の大学等（短大・高専を含む）の進学率の出生コーホート（世代）による推移を示したものである。なお，女性の結果は省略するが同様の傾向がみられる。

ここから読み取れることはどういうことだろうか。第1に，折れ線は

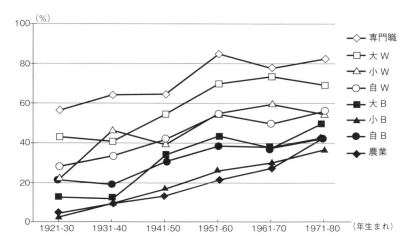

図2 出身階層による大学等進学率の推移
(出典：吉田[2009])

上のほうにあるもの(専門，大Wなど)と下のほうにあるもの(農業，小Bなど)がある。これは出身階層ごとに大学等進学率が大きく異なることを意味している。第2にそれぞれの折れ線は多少のでこぼこはあるものの，全体的に右肩上がりとなっている。これは社会全体の進学率の上昇を反映している。第3にそれぞれの折れ線はほとんど平行である。これは出身階層による格差の構造が維持されている，すなわち階層間格差が縮まっていないことを意味する。以上から，進学率が上昇したことはすべての階層の進学率を高めたが，依然として上位と下位では50％近い開きがあるままであることが読みとれる。もちろん，ここでは進学を希望していたかどうかはわからないが，2000年代に入っても大学等への進学機会には依然として階層間格差が残っていることが確認された。

3.2 家族構造と教育機会

ここでは家族構造としてふたり親家庭とひとり親家庭の比較を考えよう。第1節で述べたように，ひとり親世帯の貧困率はきわめて厳しい状

況にある。ひとり親家庭は2000年から2010年にかけて71万世帯から84万世帯へと増加しており（「国勢調査」），この背景には離婚率の上昇がある。日本では離婚率は低いとされてきたが，1980年に約3‰であった有配偶離婚率は2010年には約5‰となっている___注1。さらに年齢別にみると，20代では男女ともに20‰を，30代でも10‰を超える値となっている（国立社会保障・人口問題研究所 2016）。

　世代間移動の研究や出身階層による教育機会を分析する際，出身階層は父親の社会経済的な地位で測定されることが多く，父職の情報が得られないケース（父不在だけでなく，父無職と無回答の場合）は分析から除外されていた。このように，社会階層研究ではふたり親家庭，それも父母の初婚が継続されていることが暗黙の前提とされてきた（稲葉 2012）。

　1995年のSSM調査では父のおもな仕事を尋ねており，不在を識別できないが，2005年のSSM調査では本人15歳時の父の仕事についての設問で，「当時父はいなかった」という選択肢を設けることで父不在を識別できる。稲葉昭英は2005年SSM調査を用い，父不在が教育達成（とくに短大以上の進学）に不利に働き，とりわけ女子において顕著であること，加えて高等教育進学に対する父不在の不利は，暮らし向きや学業成績には還元できない独自の効果があることを明らかにした（稲葉 2008）。余田翔平は「日本版総合社会調査（JGSS）」を用いて，母子世帯だけでなく父子世帯も教育達成上の不利を抱えており，経済的要因だけではひとり親の不利を説明できないことを示した（余田 2012）。

　図3は，2015年と2005年のSSM調査を用い，大学等（短大・高専を含む）への進学率を家族構造によって比較し，男女ごとの進学率の出生コーホート（生まれ年）推移を示したものである。なお，ここでのふたり親家庭

注1──離婚率は一般に人口千人当たりで定義され，‰（パーミル）で表す。ただし，離婚率における分母には未婚者も含まれ，未婚化・晩婚化の影響が考慮されない。そこで，ここでは有配偶者を分母とする有配偶離婚率を用いている。

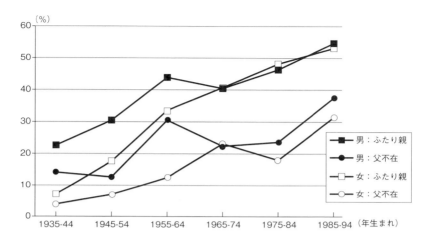

図3　家族構造による大学等進学率の推移
（出典：2005年, 2015年SSM調査を集計）

は父親が有業である場合に限定している。

　これによると，全体的な進学率の上昇はみられるものの，家族構造による進学率の格差は縮まっていないことがわかる。また，1965年以降の生まれでは，ふたり親家庭に限定すると大学等（短大を含む）への進学率は男女差が解消している。一方，1975年以降の生まれの女子において，ふたり親家庭と父不在家庭との間で進学率の格差が拡大しているようにみえる。これは1990年代半ばの進学に相当し，親世代の雇用の悪化が反映したと考えられる。そして，経済状態の悪化はとくに女子の進学において顕在化しやすいことを示している。

4　階層と家族のこれから

　本章では，社会階層というレンズを通して社会，そして家族を見る見方を紹介した。これまで，階層と家族の関係はそれほど議論が盛んであったわけではないが，格差社会や機会の平等を考えるうえで，不可欠

な視点であることがわかってもらえたのではないだろうか。

前節では，戦後，教育は拡大したもの，大学等の高等教育機関への進学機会には父職で見た出身階層により大きな格差があり，この差は長期にわたって縮まっていないこと，さらに伝統的な分析では集計から除かれていた父不在の場合も，大きな不利を抱えていて，この不利も解消に向かっていないこと，さらに女子においてより不利が表れやすいことが確認できた。

これらはいずれも意外な結果ではないかもしれないが，社会階層と社会移動というものの見方と地道な社会調査の蓄積によって初めて裏づけられるものである。子どもの貧困に見られるように，生まれによる不利は低学歴や非正規雇用の就業といったライフコースの過程で蓄積・再生産される可能性がある。こうした不利は，正当な不平等とは呼べないだろう。どのような不利があるか，いかなる手立てが可能であるかを，事実にもとづいて議論していく必要がある。

社会階層と家族の問題は多岐にわたりこれだけにとどまらない。第一に挙げられるのが，今日の少子化社会の主因である晩婚化・非婚化と階層の関係である。1990年代以降の経済低迷で雇用悪化し，とくに若年層や高齢者といった労働市場の周辺において雇用の悪化が顕著である。フリーターとも呼ばれる若年非正規雇用は，現時点で低所得に甘んじるだけでなく，将来のキャリア形成にも不利を抱えている。さらに，フリーター経験が長期化すると，その後の家族形成，すなわち結婚や出産にも影響を及ぼすことがわかっている（山田 2007）。つまり，就業における経済格差は家族をもつことの不利にもつながるのだ。また，たとえ家族をもてたとしても安定的な生活基盤が得られなければ，家族や子どもは貧困のリスクにさらされることになる。ここでも，貧困の世代間連鎖が懸念される。階層と家族の問題に関心をもった人は，この問題を包括的に論じている白波瀬佐和子（2005, 2010）へと読み進めほしい。

最後に，本章では十分に触れることはできなかった政府の役割につい

て述べておこう。日本では教育費や高等教育費に対する公的な支出が小さいことが知られており、それでも進学率が上昇しつづけた背景には家計の無理が指摘されている（小林 2008）。GDPに占める高等教育機関に対する公財政支出の割合はOECD諸国の中で最低であり（文部科学省 2010），ようやく2017年度から給付型奨学金が開始される段階にまで来た。しかし一方で，教育費は自己負担すべきという世論も根強い。教育費に限らず，社会保障についても日本型福祉社会は家族に大きく依拠してきた。しかし，家族へ負担を求めるのは限界に達しており，家族形成にも格差がみられる。国際的に見ても家族に対する支援が十分ではないことが知られおり，教育も含めた「人生前半の社会保障」の充実が求められている（広井 2006）。

　家族や不平等（ここでは教育機会）は身近なテーマであるため，自分や身のまわりの経験を一般化しがちである。幸いにして，家族社会学も社会階層論も（ここで紹介した量的なものに限らず）実証研究の蓄積が豊富である。社会が大きな変化を迎えている今こそ，自分で事実を確認する姿勢を身につけ，冷静に判断していくことが求められている。

付記

SSM調査データ（2005年，2015年）の利用に際しては，2015年SSM調査データ管理委員会の許可を得た。記して感謝します。

参考文献

阿部彩, 2008,『子どもの貧困――日本の不公平を考える』岩波書店.
原純輔・盛山和夫, 1999,『社会階層――豊かさの中の不平等』東京大学出版会.
橋本健二, 2013,『「格差」の戦後史――階級社会日本の履歴書［増補新版］』河出書房新社.
広井良典, 2006,『持続可能な福祉社会――「もうひとつの日本」の構想』筑摩書房.
稲葉昭英, 2008,「「父のいない」子どもたちの教育達成――父早期不在者・早期死別者のライフコース」杉野勇・中井美樹編『ライフコース・ライフスタイルから見た社会階層』（2005

年SSM調査シリーズ9),1-19.

稲葉昭英, 2012,「家族の変動と社会階層移動」『三田社会学』17: 28-42.

岩田正美, 2007,『現代の貧困——ワーキングプア／ホームレス／生活保護』筑摩書房.

小林雅之, 2008,『進学格差——深刻化する教育費負担』筑摩書房.

子どもの貧困白書編集委員会, 2009,『子どもの貧困白書』明石書店.

国立社会保障・人口問題研究所, 2016,『人口問題資料集』(2017年2月5日取得：http://www.ipss.go.jp/syoushika/tohkei/Popular/Popular2016.asp?chap=0).

厚生労働省, 2014,「平成25年　国民生活基礎調査の概況」(2017年2月5日取得：http://www.mhlw.go.jp/toukei/saikin/hw/k-tyosa/k-tyosa13/dl/16.pdf).

文部科学省, 2010,『平成21年度文部科学白書』.

内閣府, 2015,『平成27年版　子ども・若者白書』.

OECD, 2016, *Family Database*. (2017年2月5日取得：http://www.oecd.org/social/family/database.htm)

佐藤俊樹, 2000,『不平等社会日本——さよなら総中流』中央公論新社.

盛山和夫, 2004,『社会調査法入門』有斐閣.

白波瀬佐和子, 2005,『少子高齢社会のみえない格差——ジェンダー・世代・階層のゆくえ』東京大学出版会.

————, 2010,『生き方の不平等——お互いさまの社会に向けて』岩波書店.

橘木俊詔, 1998,『日本の経済格差——所得と資産から考える』岩波書店.

竹ノ下弘久, 2013,『仕事と不平等の社会学』弘文堂.

トロウ, マーチン (天野郁夫・喜多村和之訳), 1976,『高学歴社会の大学——エリートからマスへ』東京大学出版会.

山田昌弘, 2007,『少子化社会日本——もうひとつの格差のゆくえ』岩波書店.

余田翔平, 2012,「子ども期の家族構造と教育達成格差」『家族社会学研究』24 (1): 60-71.

吉田崇, 2009,「『現代日本人の家族』と全国家族調査の意義」第19回日本家族社会学会報告資料.

6

離婚, 再婚と子育て

藤間公太
Toma Kota

1　離婚は子どもの「問題」の原因？

　親の離婚や再婚は, 子どもの「問題行動」と結びつけて語られがちである。表1は, 中学生の一般少年, 非行少年, 補導少年, 少年鑑別所在所少年に,「今, あなたの家に一緒に住んでいるのはだれですか」と尋ねた結果である。

　あくまでもこの調査サンプル内の傾向であることに留意する必要があるが, 母のみと暮らしている者の割合が, 一般少年とそうでない少年とで大きく異なっていることに目を引かれるだろう。一般少年で母のみと暮らしている割合は1割を切っているのに, 非行や犯罪に関わったとされている少年たちの3割近くが母のみと暮らしているのだ。

　この結果を見て, あなたはどう思うだろう。「母親が離婚なんかしたから子どもが非行に走ったのだろう」と考えるだろうか。それとも,「そもそも離婚なんかモラルのない人間がすることで, そういう人間の子どもは悪いことをする遺伝子をもっているのだ」と, より強い非難の感情をもつだろうか。

　確かに, 子どもにとって親の離婚はそれまでの生活を大きく変容させるライフイベントであり, しばしば精神的な負担を与えることは事実か

表1 少年属性別，家族との同居状況

性・属性		両親と	父のみ	母のみ	祖父母と両親	祖父母と父	祖父母と母	その他	無回答
一般少年		52.4	1.3	8.4	30.3	1.8	4.9	0.9	0.1
	男子	52.8	1.4	7.9	30.4	1.7	5.0	0.7	0.1
	女子	52.0	1.2	9.0	30.2	1.9	4.7	1.0	−
非行少年		46.2	4.0	28.2	8.1	1.5	8.1	3.7	0.4
	男子	49.0	2.9	27.6	8.1	1.4	7.6	3.3	−
	女子	36.5	7.9	30.2	7.9	1.6	9.5	4.8	1.6
補導少年		45.7	2.6	27.8	11.3	1.3	7.9	3.3	−
	男子	50.4	−	27.0	12.2	0.9	7.0	2.6	−
	女子	30.6	11.1	30.6	8.3	2.8	11.1	5.6	−
少年鑑別所在所少年		46.7	5.7	28.7	4.1	1.6	8.2	4.1	0.8
	男子	47.4	6.3	28.4	3.2	2.1	8.4	4.2	−
	女子	44.4	3.7	29.6	7.4		7.4	3.7	3.7

注：数値はパーセント，N=3,455。
(出典：内閣府「第4回非行原因に関する総合的研究調査」)

もしれない。そして，日本社会においては，そうした負担を子どもに与えないことが親，とくに母親としての責務だと一般的に考えられている。だが，少し考えてみてほしい。もしも離婚が個人的な選好によるものではなく，さまざまな社会的要因によってもたらされるものであるならば，子どもの非行の「原因」は親が離婚したことにあるといえるのだろうか。

　上の数値から親の離婚が子どもの「問題」の原因と直ちに解釈してしまっては，家族をとりまく社会のさまざまな問題を見落としてしまう。本章では，離婚，再婚を経験した家族の子育てにどのような困難があるのか，その社会的背景は何なのかということを考えていくことにしよう。

2　離婚，再婚の動向

　図1は，婚姻・離婚・再婚の動向を示している。これを見ると，2013年における婚姻率は5.3であり，ピークであった1947年の半分近くまで下がっている。他方で，婚姻に対する離婚率を見ると，ピーク時よりは落

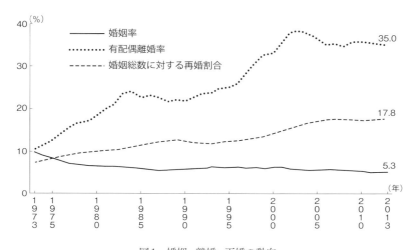

図1 婚姻・離婚・再婚の動向
注：婚姻率は対人口1,000人比。離婚率および再婚割合はそれぞれの総数を婚姻総数で除して算出。
（出典：国立社会保障・人口問題研究所［2015］より再集計）

ちたものの35.0％となっている。あくまで推定ではあるものの，今や結婚したカップルのうち3組に1組以上が離婚を経験するといえる。さらに，再婚率も緩やかな上昇を続けており，2013年に結婚したカップルのうち，どちらかが再婚であるケースが2割近くある。どうだろう，離婚や再婚は今でも「レアケース」といえるだろうか。

2.1　近年の離婚の特徴

近年の離婚の特徴を，神原文子は以下の5点に整理している（神原2010）。第1に，離婚の時期が結婚初期に限られなくなったことである。たとえば，「自分も自立して生きたい」と願った妻が，夫の定年退職を待って離婚を言い出すことからストーリーが始まる「熟年離婚」というテレビ朝日のドラマが2005年に話題を集めた。このドラマのように，長年連れ添った夫婦が何らかの要因で離婚に至るケースが増えてきているのである。具体的な数値でいえば，1930年の60歳以上の離婚率は，男性

で1.96%，女性で0.52%であったが，2014年は男性2.59%，女性1.41%である（国立社会保障・人口問題研究所 2016）。

　第2に，相対的に立場が弱い妻からの離婚の申し立てが大半であることである。おそらくこれは，女性の就業が多少なりとも進んだことで，夫への経済的依存の度合いが相対的に低下し，DVやモラルハラスメントを受けた際，生活のために我慢する必要がなくなってきていることに起因している。とはいえ，女性はいまだにさまざまな困難に直面している。このことは，後で述べることにしよう。

　第3に，子どものいる夫妻の離婚件数が全離婚件数の7割近くに達していることである。子どもがいる女性の離婚については，野田潤が興味深い指摘を行っている（野田 2008）。『読売新聞』の「人生案内」上でなされた離婚相談を100年分近く分析した結果（1914～2007年），「子どものために離婚を我慢せよ」というアドバイスが1990年代から2000年代に減少し，むしろ「子どものために離婚せよ」というものが多く見られるようになったことを野田は明らかにしている。このことからは，子どもがいる女性の離婚を抑制する規範の働きが徐々に緩和していることがうかがえるだろう　注1。

　第4に，母親が親権者となる件数が8割になっていることである。欧米諸国が離婚後の共同親権・監護権を認める中，単独親権制を維持していることは日本の特徴の一つである（菊地 2015）。母親が親権者になるケースが多い理由は，離婚以前の子育てが母親に集約されていることや，父親が長時間労働のため子育て役割を遂行することは困難であることによるといわれている。

　第5に，離婚する世帯の多くが核家族であり，ひとり親家庭が誕生す

注1——とはいえ，野田が指摘しているように，離婚を抑制するにせよ，促進するにせよ，「子どものため」という言説が強い支配力を有していることには注意する必要がある。このことからは，女性のライフコース選択はあくまでも「個人」ではなく「母親」としてなされるべきという規範が維持されていると見ることもできるからだ。

ることである。三世代同居，あるいは近居をしているケースであれば，仮に離婚をしても，祖父母と同居し，さまざまな資源を調達しながら生活することが可能である。近代以降，核家族化と親との別居が進んだ結果，離婚後にひとり親と子どものみで暮らす家庭が誕生しやすくなったと考えられる。

ところで，日本は夫婦の合意があれば離婚が可能となる，ある意味で「離婚しやすい」国である。離婚には，夫婦2人の話し合いのみで成立する協議離婚と，何らかのかたちで家庭裁判所の仲介を受ける調停離婚，審判離婚，裁判離婚の4つの類型がある。日本においては，協議離婚が全体の90％を占めており，日本では夫婦2人の話し合いのみで離婚が成立するケースが圧倒的多数である。

このように夫婦2人の話し合いのみで離婚が成立することは，一見すると当事者の自由意志に委ねられた良いことのようにも思える。しかしながら，家庭問題情報センター（2007）によると，協議離婚には，(1)十分な協議や取り決めなしでも離婚できることと，(2)取り決めがなされたとしてもそれが履行されない場合，強制的に履行させるような手続きがとられないため，実行されないままになってしまうという問題がある。たとえば，別れた親が子どもに支払う養育費について，2人で定めた内容が子どもの扶養に適正であるか，取り決め通りに支払われているかをチェックするシステムはない（菊地 2015）。第三者の介入なしで離婚が成立することは，こうした問題を内包しているのだ。

以上，先行研究で指摘されている，近年の離婚の動向とそれに関わる問題を見てきた。次項では，再婚に関する知見をみていこう。

2.2　日本における再婚

結婚総数における再婚の割合が増加していることは先に述べたとおりである。では，どのような人が再婚しているのだろうか。「日本版総合的社会調査（JGSS）」の2000年から2002年の3時点データを分析した永井

暁子は，次の5点を指摘している。第1に，女性よりも男性のほうが再婚しやすい。第2に，再婚者のうち，63.8％が離婚後4年以内に再婚しており，離婚から再婚までの期間の長短に男女の違いはない。第3に，再婚時の平均年齢は，初婚時の男女の年齢の違いをほぼ反映している。第4に，離婚時の年齢別に見ると，男女ともに，20歳代で離婚した者の再婚割合が非常に高く，30歳代で低下し，40歳代で上昇する。第5に，女性については，離婚時に子どもがいると再婚する割合が低下する（永井 2010: 175-6）。

再婚行動に社会経済的要因が差をもたらすことも明らかにされている。JGSS2000-2002データを用い，余田翔平は，再婚行動の傾向について以下の5点を指摘する。第1に，コーホートが若い（≒生まれた年代が最近である）者ほど再婚していない。第2に，永井の指摘と同様，女性よりも男性が再婚しやすい。第3に，男性の中では高学歴の者ほど再婚しやすい。第4に，再婚行動の性差は近年ほど縮小しているが，これは女性が再婚するようになったのではなく，男性が再婚しなくなったことに起因している。第5に，再婚可能性の学歴間格差は拡大傾向にあり，それは若いコーホートほど顕著である（余田 2014: 147）。

興味深いのは，じつは近年進んでいるのは再婚の増加ではなく，むしろ「離死別者の非再婚化」であるという余田の指摘である。つまり，「個人の観点からすれば，人々はライフコースを通じて複数の婚姻関係を経験するようになったわけではなく，離死別後に再婚する傾向はむしろ低まって」いるのだ（余田 2014: 147-8）。こうした「非再婚化」が進んでいる要因を，余田は以下の2つの点から説明する。まず，再婚率が高まったのは，離婚の増加を受けてのことである。確かに，離婚が起きなければ，再婚は発生しない。離婚が増え，「再婚する可能性がある人」の総数が増えたことが，再婚率の高まりに影響していると考えられる。次に，「非再婚化」は社会全体で一様に広がっているわけではなく，高い学歴を達成できなかった男性によって先導されている。このような男性が再婚に至

らない理由として，不安定雇用の増加が指摘できる。すなわち，高い学歴を達成できなかったことが不安定雇用とつながり，不安定雇用が非再婚につながるということである。非正規雇用者の初婚確率が低いことはすでに指摘されており (津谷 2009)，再婚をめぐっても同じ事態が発生していると考えられる (余田 2014: 148)。

では，「非再婚化」が進む中で，再婚できた層は「幸せ」なのだろうか。階層が低い者にとって，再婚は経済的メリットをもたらすと指摘されてきたが (野々山 1985)，再婚者の心理状態には性差があることも報告されている。稲葉昭英によると，男性のほうが女性よりも離婚後に多くの問題を抱えるため，結果として高いストレスを経験するが，再婚すると彼らのストレスは減少する。では，もともと低い離婚後の女性のストレスは，再婚するとさらに軽減されるのだろうか。結果は驚くべきものであり，30代，40代の女性の再婚者は，同年代の初婚継続者や非再婚者にくらべ，高いストレスを経験している。つまり，再婚した女性のほうが高いストレスを経験しているのである (稲葉 2002)。

このような再婚による心理状態の性差はどこからくるのだろうか。後の研究で，稲葉は4つの仮説を提示している (稲葉 2003)。1つ目は，養育役割仮説である。これは，子育てが女性のみで担われることで，女性にとって結婚の心理的メリットが下がるというものである。2つ目は，サポートギャップ仮説である。これは，ジェンダー不平等な社会の中では，女性のほうが他者をサポートする役割期待を内面化しているため，結果として妻から夫へのサポートのほうが多くなり，心理状態の男女差につながるというものである。3つ目は，配偶者依存仮説である。2つ目と関連して，男性側は「他者に弱みを見せるべきでない」という規範を強く内面化しており，家庭の外では他者に依存しない。その結果，唯一弱みを見せられる配偶者への依存が多くなり，妻の心身の負担につながると考えられる。4つ目は，ネットワーク構造仮説である。女性が他者にケアを提供し，また彼女たちの対人ネットワークは同性が中心だと仮定す

ると，女性は結婚してもしなくても，何らかのサポートを得ることができる。これに対し，先述のとおり男性は同性ネットワークからサポートを得にくいため，結婚相手によるサポートに依存すると予想される。つまり，家族の外で形成するネットワークに性差があり，それがサポートを得るうえでの配偶者への依存度合の差異につながると考えられるのだ。なお，これら4つの仮説は再婚に限らず，初婚についてもあてはまると考えられる点には注意が必要である。

　以上，本節では離婚，再婚に関する先行研究の知見を確認した。次節では，本題である「離婚，再婚と子育て」について述べることにしよう。

3　離婚，再婚と子育て

3.1　ひとり親が直面する困難

　親が子どもを連れて離婚した場合，彼女・彼らが直ちに再婚するのでないかぎり，その家族はひとり親家庭を経験する。子どもを育てるうえでひとり親が直面する困難は，大きく3つに分けられる。

　第1に，経済面での困難である。ひとり親に限らず，子どもがいる親にとって，長時間労働をともなうフルタイムで就業しながら子育てを全面的に担うことは困難である。また，共働きであれば短時間労働でも家計を充足できるかもしれないが，ひとり親にその選択肢は与えられていない。さらに，児童扶養手当　注2 の額も十分ではなく，かつ支給要件も厳しい。下夷美幸によると，日本の児童扶養手当制度の問題点は，私的扶養責任を強調することで公的給付を抑えようとしているにもかかわらず，その私的扶養をめぐる制度整備が十分に行われていないことにある（下夷 2008）。1985年に最初の制度改革が行われて以来，日本の児童扶養手当政策は，子どもと暮らしていない親（多くの場合父親）から養育費をとることで，手当の支給を抑制する方向に展開してきた。にもかかわらず，子どもと暮らしていない親の扶養義務を徹底する制度，たとえば養育費

が未払いになった際の強制徴収に関わる制度などは，未整備のままである。そのため，ひとり親家庭は「私的扶養と公的扶養のはざま」に取り残され（下夷 2008: 191），経済的困難に直面するのである。とくに就労上の不利を経験しやすい母子世帯に，この問題は顕著であろう。実際，勤労世代（20 〜 64歳）の相対的貧困率（1 人当たりの手取り所得の金額の中央値の半分以下の所得しかない人の割合）は，圧倒的に母子世帯で高い（内閣府 2010）。母子世帯がいかに経済的に苦しい状況にあるのかがうかがい知れるだろう。

　第 2 に，家庭経営面の困難である。アーリー・ホックシールドによると，子育てをする母親は「3 つのシフト」に悩まされるという（Hochschild 1997=2012）。3 つのシフトとは，職場での仕事（＝第 1 のシフト），家事労働（＝第 2 のシフト），自身が相手をしてあげられないことについて子どもをなだめること（＝第 3 のシフト）を指す。そもそも第 2，第 3 のシフトが女性のみにのしかかること自体が問題であるのだが，ひとり親の場合は，パートナーと負担を分担できないため，すべてのシフトを一人でこなす必要がある。とくに自身の親（子どもにとっての祖父母）と同居していない人にかかる負担は重い。こうした社会関係資本の不足もあいまって，ひとり親家庭は家庭経営面の困難を抱える。以上のような家庭経営面での問題は，それまで家内労働役割を期待されてこなかったシングルファーザーの場合により重くなると考えられる。

　第 3 に，親子関係上の困難である。親の離婚は子どもにとって大きな

注 2 ── ひとり親家庭の父や母などに対する金銭給付であり，2013 年 3 月度末時点で，受給者は約 108 万人。遺族年金を支給されない母子家庭の母への所得保障を行うため，1961 年に創設され，2010 年から父子家庭も対象になった。2014 年 4 月現在，子ども 1 人の場合は月額 4 万 1020 円，子ども 2 人の場合は合計月額 4 万 6020 円であり，子どもが 3 人以上の場合は，子ども 1 人につき 3000 円が加算され，子どもの高校卒業まで（子どもに障害がある場合は 20 歳未満まで）支給される。しかしながら，2008 年から，手当の受給期間が 5 年を超える場合には，最大で半額まで減額されることになった。さらに，所得制限もある。たとえば，ひとり親と子ども 1 人の世帯の場合，(1) 親の前年の収入が 130 万円未満で全額支給，365 万円以上は支給なし，(2) 130 万円以上 365 万円未満の場合，収入に応じて，4 万 1020 円から，9680 円までの 10 円刻みの額，と規定されている。

ライフイベントであり，それを経験することで子どもが情緒不安定化することもある。また，別れた親を求めることで，親子関係が悪化することもある。とくに協議離婚が多く，かつ共同親権制度がない日本においては，後者の問題は大きいと考えられる。

3.2　ひとり親家庭の子どもが経験する不利

　では，ひとり親家庭に育つ子どもはどのような経験をするのだろうか。最もよく指摘されるのは，ひとり親家庭に育った子どもとそうでない子どもとの間で，地位達成に差があることである。「社会移動と社会階層（SSM）調査」を用いた余田翔平・林雄亮の研究によれば，幼いときに父と別れた者（早期父不在者）は，短大以上の高等教育機関進学で格差を経験している。また，1973年12月から1991年2月までの安定成長期以降，早期に父の不在を経験した人は，そうでない人とくらべ，ブルーカラー職として労働市場に参入する傾向が強まり，大企業ホワイトカラーや専門職として初職に参入できる割合も低い。以上のような早期父不在者の初職達成上の不利は，低い教育達成によって引き起こされていると説明されている（余田・林 2010）。

　階層研究においては，教育達成は経済的な困難に左右されるという見方が主流であり，確かにこのことはひとり親家庭にもある程度あてはまると予想される。しかしながら，経済的側面以外の要因も考慮する必要がある。JGSSを用いて世帯構造と教育達成の関連を検討した余田によると，高校進学や短大・大学進学といった指標について，ひとり親世帯出身者は二人親世帯出身者よりも確かに一貫して不利な立場に置かれており，とくに短大・大学への進学格差は顕著に拡大している。しかしながら，父子世帯は母子世帯よりも経済的には恵まれているにもかかわらず，父子世帯出身者と母子世帯出身者との間に教育達成水準の違いはほぼ見られない。ここから余田は，ひとり親世帯と教育達成との関連は「15歳時の世帯収入レベル」では十分に説明されず，経済的要因以外の媒介要

因を解明する必要性があると述べている（余田 2012）。

　では，ひとり親家庭に育つ子どもは，経済面以外でどのような困難を経験し，それにどのように対処しているのか。インタビュー調査からこの点を描き出したのが志田未来である。志田によると，親との離別は確かに子どもにとって重大な出来事であり，家族の移行にともなう困難や戸惑いなどを感じさせるものである。しかし同時に，「今（ひとり親家庭）のほうが幸せ」と，変化を肯定的に解釈する子どもたちもいる。とはいえ，ひとり親家庭になってからの同居親との関係は多様であり，子どもたちはそこに複雑な感情を抱いているという。そうした感情に対処するうえでは，同居親以外とのつながりが以下の2点で非常に重要であると志田はいう。まず，親戚との関わりが将来展望に影響を与えたり，同居親のパートナーが同居親と子どもとのもめ事に解決の糸口を与えたりすることである。次に，自己の複雑な家庭経験を正当なものとして理解するうえで，同じようにひとり親家庭に育つ子どもからの承認も重要である。これらのことをふまえて，そうした承認の基盤となる，家庭を超えたつながりをもつことができる地域に住居を確保することが決定的に重要である，と志田は述べる（志田 2015）。

　以上，ひとり親とその子どもが直面する困難について確認した。次に，再婚と子育てについて，ステップファミリーを例にみていこう。

3.3　ステップファミリーと子育て

　ステップファミリーとは，「結婚によって継親子関係を含むことになった家族」である（野沢 2008a: 225）。いわゆる「未婚の親」が結婚した場合なども含まれるため，必ずしも離婚・再婚が経験されているとは限らないが，近年の家族社会学の重要なトピックであるため，ここで取り上げる。

　離婚や再婚によってステップファミリーが増加した1980年代以降のアメリカでは，膨大な数のステップファミリー研究がなされ，支援組織の活動も長い歴史をもっている（野沢 2008b）。これに対し，日本において

継親子関係を含む家族はつい最近まで社会的に注目されることがなく，学術的関心の対象にもなってこなかった（野沢 2009）。

　ステップファミリーは，とくに継親子関係形成の難しさに直面し，大きなストレスを感じる（野沢ほか 2003; 菊地 2005）。ステップファミリーをつくろうとするカップルの多くは，当初は家族生活に対する非現実的な期待を抱いている。しかしながら，実際に共同生活が始まると，継親が実親子関係の中に入り込めず，否定的な感情を経験する。とはいえ，このように関係初期から中期にかけて葛藤が生じるのは，「ステップファミリー周期」の正常な状態とする見方もある（Papernow 1984）。

　ステップファミリーが経験するストレスの背景はどのようなものだろうか。野沢慎司は，下記の5点を指摘している（野沢 2008a）。第1に，喪失経験から出発することである。とくに両親の離婚を経験した子どもにとっては，別れて暮らすことになった親との関係の「曖昧さ」が問題となる。先にも述べたように，日本には共同親権制度がないため，子どもと別居親との関係は「宙ぶらりん」になりやすい。このことが子どもにストレスを与え，結果としてステップファミリーの葛藤にもつながると考えられる。

　第2に，それぞれが異なる家族経験をもっていることである。ステップファミリーに限らず，家族を形成するということは，異なる定位家族で生まれ育った者同士が，それぞれの家族文化をもち寄り，交渉や妥協のうえに新たな家族文化を創造する営みである。ステップファミリーの場合，再婚を経験する成人やその子どもの以前の家族での生活や，ひとり親世帯での経験がつけ加わるため，調整，交渉がより複雑になるのである。

　第3に，先に親子関係があって，後から夫婦関係と継親子関係を築くことである。継親が継子をわが子のように愛せないことや，パートナーをめぐって継子に嫉妬の感情を抱いてしまうことに罪悪感を抱き，ストレスを高めてしまうケースがある。とくに子育て役割を期待されやすい

女性は，継子との関係に高いストレスを経験しやすい。

　第4に，もう一人，血縁のある親が存在することである。1点目と関係するが，別居している実親と，同居している継親とは，子どもの親として競合関係に置かれやすい。継親の側は，どちらが「本当の親」なのか，どちらが「良い親」なのかを意識せざるをえなくなり，そのことがストレスにつながるのである。

　第5に，社会の中に十分な制度的基盤がないことである。この点は後でくわしく述べるが，現代日本社会の制度の多くは基本的に初婚継続家族を前提としてできあがっている。このことがステップファミリーに生きづらさを与え，ストレスにつながるのである。

　以上のように，ステップファミリーの親子関係は多様な困難に直面する。根源的には，継親と継子のいずれの立場から見ても，関係の歴史の浅い大人が「親」役割をとらざるをえないところに，ステップファミリー特有の難しさがあると指摘されている（野沢・菊地 2010）。

　それでは，それらのストレスの解消のために求められることは何だろうか。重要なのは，初婚核家族にとらわれない，ある種の「創造性」であると考えられる（野沢 2008a）。菊地真理によると，ステップファミリーの親子関係には2つのモデルがある。1つは，「代替家族モデル」（菊地 2009）である。このモデルでは，継親は継子の「親」代わりとして親役割を果たすものと見なされ，再婚は両親がそろった家族を再現するイベントと見なされるが，先述のとおり，そのことが継親，継子ともに葛藤をもたらす。これに対し，もう1つのモデルである「継続家族モデル」は，問題解決の糸口となる。これは，離婚・再婚後も，同居親と別居親が子どもとの親子関係を継続することを前提とし，継親は後からそこに加わったものと考えるモデルである。これにあてはまる事例として，継母が実母との交流を阻害せず，あえて「母親」にはならないスタンスをとることで，継子との信頼関係が創られたケースが報告されている（菊地 2015）。つまり「同居＝親子」という規範にとらわれない実践が，当事者たちの信頼感

を強めたということである。

　また，当事者同士の交流やセルフヘルプグループの存在も大切である。似たような悩みやストレスを経験した人たちと，その経験を分かち合うことで，自分の経験や問題に一般性があることに当事者は気づく。こうした中で，困難に対処するための選択肢が拡大したり，社会一般の規範や価値観とは異質な独自の文化が形成されたりして，それが問題解決のガイドラインや家族内部関係の調停機能を果たすようになるのだ（野沢2008a）。

4　離婚，再婚の制度化に向けて

　本章では，ひとり親とステップファミリーを題材に，離婚，再婚を経験した家族が直面する子育ての困難と，その社会的背景について見てきた。離婚，再婚を経験した家族はさまざまな困難を経験するが，解決のために決定的に重要なのは，その家族を超えたつながりを形成することであるということが見えてきただろう。

　親の初婚が継続されなかった場合，子育てにはさまざまな問題が生じうるが，「家族とはこういうもの」という規範的な想定を超えた実践がその解決に寄与する。そして当事者がそうした実践を試みる際，家庭外の他者からの承認や，当事者同士の交流が，非常に重要な役割を果たす。離婚や再婚は個人の選択ではなく，それ自体さまざまな社会的要因によって規定されている。そうである以上，「自分が選んだ道だろう」と自力での解決を当事者に求めるのではなく，家族を超えたサポートを社会全体に配置していくことが重要である。

　家族への社会的サポートは，出自による子どもの不平等を克服するためにも重要である。冒頭で示したように，非行をはじめとする「問題行動」に至った子どもでは，そうでない子どもとくらべ，母親とのみ暮らしている割合が多い。しかしながら，このことをもって，親の離婚を子ど

もの問題行動の「原因」とするのは性急である。問題は親が離婚・再婚することではなく，親の初婚が継続しなかった家族をサポートするシステムが社会に十分にないことである。「子どもは生まれる家を選べないのだから，親は離婚したいという欲求を子どものために我慢せよ」という人もいるだろう。しかしながら，果たしてそれは「望ましい」社会のあり方なのだろうか。どのような家族のもとで生まれ育っても，機会や情緒的サポートが十分に提供され，多様なライフスタイルを選択できる社会のほうが，「望ましい」といえないだろうか。

家族を超えたつながりを整備し，離婚，再婚を経験した家族を包摂するためには，非初婚継続家族を「制度化」していくことが重要である。かつてアンドリュー・チャーリンは，アメリカにおける再婚を「不完全な制度」と呼んだ (Cherlin 1978)。社会が初婚核家族を前提としており，当事者が家族形成をするための制度化されたガイドラインやサポートが欠如しているため，ステップファミリーはさまざまな困難を経験するというのが彼の主張である。継親子関係についての法律上の規定が脆弱なことや，養育費不払いへの制度的対応が未整備なことなどから，日本の家族福祉制度も初婚核家族が継続することを基本的に想定しており，そのため，ひとり親やステップファミリーへの支援施策も十分に展開されてこなかった。家族の多様化が進む今日においては，個人がライフスタイルを選択する自由を保障するため，非初婚継続家族の子育てを制度化していくことが重要である。

さらに，離婚・再婚を経験した家族のみならず，初婚継続家族を含めたあらゆる家族に通底する問題もある。日本は「子育ての負担はすべて家族が担うべき」という，家族主義的な規範が強い社会である。こうした社会においては，家族を超えた支援や連帯が形成されにくく，親に過度の負担がかかりやすい。その結果，親，とくに子どもの養育責任を強く問われる母親のストレスが高まり，夫婦の不和が生じたり，子どもへの虐待が発生したりしていると考えられる。

子育ての負担を家族のみに集約することは，結果として子どもに「不幸な家族経験」を与えかねない。「家族の絆を強めたいのであれば，我々は家族に課せられた責任を『脱家族化』する必要がある」(Esping-Andersen 2008=2008: iv-vi)。離婚や再婚を経験した家族が直面する子育ての困難に，そのことは象徴されているのだ。

参考文献

Cherlin, Andrew J., 1978, "Remarriage as an Incomplete Institution," *American Jouranal of Sociology*, 84（3）: 634-650.
Esping-Andersen, Gøsta and Bruno Palier, 2008, *Trois leçons sur I'Etat-providence*, Paris: Éditions du Seuil.（＝2008，林昌宏訳『アンデルセン，福祉を語る――女性・子ども・高齢者』NTT出版）
Hochschild, Arile R., 1997, *Time Bind: When Work Becomes Home and Home Becomes Work*, New York: Henry & Colt Co.（＝2012，坂口緑・中野聡子・両角道代訳『タイム・バインド　働く母親のワークライフバランス――仕事・家庭・子どもをめぐる真実』明石書店）
稲葉昭英，2002，「結婚とディストレス」『社会学評論』53（2）: 214-229.
――――，2003，「結婚・再婚とメンタルヘルス」『ケース研究』276: 3-23.
神原文子，2010，『子づれシングル――ひとり親家族の自立と社会的支援』明石書店.
家庭問題情報センター，2007，「協議離婚について考える――合意しておくべき事項とそれを守らせるための手続きの確保」『家庭問題情報誌　ふぁみりお』40（2016年3月9日取得：http://www1.odn.ne.jp/fpic/familio/familio040.html）.
菊地真理，2005，「継母になるという経験――結婚への期待と現実のギャップ」『家族研究年報』30: 49-63.
――――，2009，「再婚後の家族関係」野々山久也編『論点ハンドブック　家族社会学』世界思想社，277-280.
――――，2015，「離婚・再婚とステップファミリー」長津美代子・小澤千穂子編著『新しい家族関係学』建帛社，105-120.
国立社会保障・人口問題研究所，2015，「2015年版人口統計資料集」（2016年3月8日取得：http://www.ipss.go.jp/syoushika/tohkei/Popular/Popular2015.asp?chap=0）.
――――，2016，「2016年度版人口統計資料集」（2016年9月27日取得：http://www.ipss.go.jp/syoushika/tohkei/Popular/Popular2016.asp?chap=0）.
永井暁子，2010，「未婚化社会における再婚の増加の意味」佐藤博樹・永井暁子・三輪哲編『結婚の壁――非婚・晩婚の構造』勁草書房，172-182.
内閣府，2010，「男女共同参画白書　平成22年度版」（2016年9月27日取得：http://www.

gender.go.jp/about_danjo/whitepaper/h22/zentai/index.html).
野々山久也，1985，『離婚の社会学——アメリカ家族の研究を軸として』日本評論社．
野田潤，2008，「『子どものため』という語りから見た家族の個人化の検討——離婚相談の分析を通じて（1914 〜 2007）」『家族社会学研究』20（2）: 48-59．
野沢慎司，2008a，「ステップファミリーのストレスとサポート」石原邦雄編『家族のストレスとサポート〔改訂版〕』放送大学教育振興会，225-242．
―――，2008b，「ステップファミリー研究の動向——アメリカからの視点」『家族社会学研究』20（2）: 71-76．
―――，2009，「家族下位文化と家族変動——ステップファミリーと社会制度」牟田和恵編『家族を超える社会学——新たな生の基盤を求めて』新曜社，175-201．
野沢慎司・春日清孝・宮田加久子・浦光博・茨木尚子，2003，「ステップファミリーにおけるオンラインとオフラインのサポート」『研究所年報』33: 227-243．
野沢慎司・菊地真理，2010，「ステップファミリーにおける家族関係の長期的変化——再インタビュー調査からの知見」『研究所年報』40: 153-164．
Papernow, Patricia L., 1984, "The Stepfamily Cycle: An Experiential Model of Stepfamily Development," *Family Relations*, 33: 355-363.
志田未来，2015，「子どもが語るひとり親家庭——『承認』をめぐる語りに着目して」『教育社会学研究』96: 303-323．
下夷美幸，2008，『養育費政策にみる国家と家族——母子世帯の社会学』頸草書房．
津谷典子，2009，「学歴と雇用安定性のパートナーシップへの影響」『人口問題研究』19（2）: 213-234．
余田翔平，2012，「子ども期の家族構造と教育達成格差——二人親世帯／母子世帯／父子世帯の比較」『家族社会学研究』24（1）: 60-71．
―――，2014，「再婚からみるライフコースの変容」『家族社会学研究』26（2）: 139-150．
余田翔平・林雄亮，2010，「父親の不在と社会経済的地位達成過程」『社会学年報』39: 63-74．

7

成人した子どもと親との関係

保田時男
Yasuda Tokio

1 親子関係は子育てで終わらない

　筆者はいわゆるアラフォーの中年男性だが，70歳前後（アラセブ？）の両親はいまだに「親にとっては，いくつになっても子どもは子ども」といって何かと世話をやこうとする。確かに，子どもが成人しようが老人になろうが，家族関係における親子はいつまでも親子である。子育てが終われば親子関係が終わるというわけではない。

　試しにいくつかの新聞で人生相談のコラムを検索してみると，同じようにいい齢の子どもを心配する親の相談がいくつも出てくる。「息子は30代後半ですが，独身のひとり暮らしで服装に無頓着で困っています」「夏に29歳になる娘。ぼちぼち結婚したらと勧めるのですが無視されてしまいます」「33歳になる息子と5年ほど会っていません。メールの返事も少なくどう接したらいいのでしょう」といった具合である。

　ある意味でほほえましい親心ではあるのだが，このような親子関係は社会的な問題性もはらんでいる。「親離れ」「子離れ」といわれるように，親子はどこかの段階で互いに自律的な関係に移行しなければならない。さらにいえば，賛否はともかくとして，現在の日本社会は親子の自律性を高めるような方向へ保育や介護の公的制度を整えようとしている。そ

のような中で，上のような相談が後を絶たないのは，自律性を求める制度に人びとの規範意識が追いついていないか，あるいは自律の意識はあるがその実現を妨げる何らかの現実的障害があるということである。

　本章では，子どもが成人した後の親子関係について，自律性をめぐる葛藤に焦点をあてて解説する。親子関係研究の中でこの分野は比較的新しく開拓された領域であり，調べるべきことが多く残されている。また，大学生にとっては近い将来の自分と重なる身近な話であろう。

2　中期親子関係への注目

2.1　親子関係の前期・中期・後期

　親子関係は長期間にわたる人間関係であるが，親子に限らず家族関係は一般的に長く継続する（平均的にみれば，きょうだい関係のほうが長く続く）。その中でもとくに親子関係に特殊な点は，ただ長いだけでなく，その関係性の構造が発達とともに大きく変化することにある。生まれたばかりの子どもは圧倒的に弱い存在であり，親は未成熟な子どもを護り育てる。ところが，子どもが成長すると，今度は親が健康面でも経済面でも衰えてくるため，老親の扶養の問題が浮上する。関係性が根本的に違ってくるのである。

　そのため，子育ての時期と老親扶養の時期は，同じ親子関係でもまったく別の分野として研究されてきた。それぞれ**前期親子関係**，**後期親子関係**と呼ばれる。

　ところが，よく考えてみると，親子関係は前期と後期しかないわけではない。一般的に考えて，子育てがすんだ時点では親はまだそれなりに元気なもので，すぐに衰えるというものではない。つまり，子どもは大人に成長したが，親もまだ扶養が必要なほど弱ってはいないという，親も子も自律的に活動できる時期が少なからず存在するはずである。このような時期の親子関係を**中期親子関係**と呼ぶ。ここでは親子関係の中期

を「親子が互いに自律可能と社会的に期待される時期」と定義しておこう。「期待される」とややあいまいな言葉を用いるのは，自律可能な条件は整っているはずなのに実際には自律的でない親子や，自律可能であることが望まれるのに，それが叶わない社会的環境にさらされることもあるからである。

　その始まりと終わりを明確に定めることは難しいが，一般的に親子関係の中期はどんどん長期化していると考えられている。これは主に，平均寿命の延びにともなって親世代の自律が期待できる期間が長くなったためである。1970年代頃までは55歳での定年退職が一般的であったが，現在では65歳程度まで働くことが可能になりつつある。親世代の経済的な自律は高齢まで確保しやすくなった。また，年金制度を前提にすると，実質的に親世代の自律性が脅かされるのは健康に深刻な問題を抱えるときまで先延ばしとなる。現在の日本の社会的条件で考えるならば，親が後期高齢期にさしかかる75歳頃までを中期の親子と見なしてもおかしくないだろう。一方で，大学進学率の高まりや親子の年齢差の広がりのように，中期の親子関係を短くする要因もあるが，そのことを加味しても，この30年ほどの間に，親子関係の中期は少なくとも5～10年程度は長くなっている。仮に子どもの大学卒業年齢（22歳）から親の後期高齢期開始（75歳）までを中期とするならば，親子の年齢差を30歳として計算して（2000年の「人口動態調査」によると，出産時の親の平均年齢は母が29.6歳，父が31.8歳），親子関係の中期は平均して $75 - 22 - 30 = 23$ 年間存在することになる。単純な長さだけを見れば，これは前期や後期に匹敵する長さである。

2.2　なぜ今，中期に注目するのか？

　いくら長いといっても，中期の親子関係は，「互いに自律可能」と期待される時期なわけであるから，前期や後期にくらべて問題の少ない時期と考えられるかもしれない。しかし，それは間違いである。ややわかりにくい言い方であるが，「だれもが同じように抱える問題が存在しない」

ことが，中期親子の本質的で深刻な問題性を示している。程度の違いはあるが，前期の子育てや後期の老親扶養は，ほとんどの親子が直面する問題であり，それが社会的に取り組むべき課題であることはだれの目にも明らかである。ところが，中期は「互いに自律可能」が期待される時期であり，実際に多くの人びとは自律的な関係を築いている。

　しかし，一部にはうまく自律的な関係を築けないでいる中期の親子が存在する。だれもが直面するわけではないので，この種の問題は見落とされがちになる。場合によっては，本人たちもその問題の深刻さに気づかないままでいる（冒頭の人生相談は，ある面でそのような例といえる）。また，さらに悪いことには，うまく自律的な関係を築けないのは当人に原因がある「個人的な問題」と考えられることが多い。後で見るように，中期親子の自律にまつわる問題は，社会的条件も絡んで引き起こされる問題であって，決して個人だけに還元される問題ではない。

　家族研究が進むにつれて，中期親子の問題性がクローズアップされることは徐々に増えてきた。とくに日本では2000年前後から大きく注目を集めている。この時代に中期への注目が集まった理由は3つある。第1に，中期の平均的な期間の長期化である。前節で見たとおり，親子関係の中期は20年以上続くような長期的関係となっている。期間が短ければ，前期から後期への一時的な過渡期と見なすこともできるが，期間が長ければそうはいかなくなる。

　第2に，前期と後期の研究領域が完全に分断されてしまったことへの学問的批判があった。前期の子育てと後期の老親扶養はそれぞれが一大研究テーマとなっているので，一方の領域の研究者が他方の研究を顧みる機会が少なくなっている。しかしながら，本来，親子関係の前期と後期は別々の現象ではなく連続した現象である。前期にどのような子育てがなされたかが，後期の関係性にも影響するし，逆に後期にどのような関係性を期待するかによって，子育ての在り方も変わってくる。たとえば，長男が親の面倒をみることが前提の社会と，介護保険などの社会福

祉制度を前提とする社会では，子育ての仕方は違ってくるであろう。その意味で，中期の親子関係の研究を深めることが，前期と後期の間の関連性を明らかにすることにつながり，両者の学問的橋渡しをする役割を担うことが期待されている。このような点を最初に強調したのはグンヒルド・ハジェスタドであり，日本でも正岡寛司が同様の考え方を紹介するなどしている (Hagestad 1987; 正岡 1993)。

　以上のような素地があったわけであるが，中期親子関係への世間の関心を決定的に高めたのは，第3の理由，いわゆるパラサイト・シングル論の盛り上がりのためである。このインパクトを抜きに日本の中期親子関係の研究を語ることはできない。パラサイト・シングル論とは，家族社会学者の山田昌弘が1990年代後半に巻き起こした議論で，その主張は著書『パラサイト・シングルの時代』にまとめられている (山田 1999)。シングルは未婚者の意味で，パラサイトは寄生の意味である。つまり，成人しても未婚のまま生活を親に頼る人びとをパラサイト・シングルと呼び，当時の20〜30代の多くが，あたかも寄生虫のように，親に依存しながら趣味やレジャーを楽しんでいる，という問題が指摘された。当時の親世代の人びとが抱えていた漠然とした不満や不安を見事に描き出したこの議論は，賛同・反論とりまぜて非常に大きな注目を浴び，中期の親子関係に1つの大きな研究テーマを与えることになった。

　パラサイト・シングル論が巻き起こった時代からはすでにかなりの年月が経っているが，いまだにこの議論は現在的な問題として取り上げられることが多く，人びとの心をとらえつづけている。パラサイト・シングル論の理解は，日本の中期親子関係の問題を考えるうえで重要なので，次にもう少しくわしく紹介しよう。

2.3　パラサイト・シングル論の意味

　ことの発端は1997年，山田昌弘が『日本経済新聞』紙上で「学卒後もなお，親と同居し，基礎的生活条件を親に依存している未婚者」をパラサイ

ト・シングルと名づけたことによる。「パラサイト（寄生）」とはややショッキングな言葉であるが，当時ヒットしていたSF小説『パラサイト・イヴ』（1995年に発行，1997年に映画化）にちなんだもので，未婚者にことさらに悪意を向けたわけではない。

当時の30代はちょうどバブル期に学校を卒業し，就職には恵まれた人びとである。親の世代も年金制度の運用問題が本格化する前に退職し，経済的な余裕が比較的ある人びとが多かった。一方で，1990年代に入り景気は急速に後退し（バブル崩壊），すでに漠然とした将来への不安が世の中を覆っていた。また，じわじわと進む晩婚化とともに，生涯未婚率の上昇も予想されはじめており，少子化の問題がいよいよ本格的に取り上げられるようになったのもこの時代でもある。

このような時代において，パラサイト・シングル論は人びとの気持ちにある種のわかりやすい「解答」を与えることになった。「なぜ，日本がこのような混迷の時代になってしまったのか？　それはパラサイト・シングルのせいだ！」という次第である。つまり，成人した子どもがいつまで経っても巣立ち（離家や結婚）をしないから，少子化が止まらない。新しい家庭をつくらないから経済的な需要が低下する（不景気になる）。バブルを忘れられずに享楽的な趣味やレジャーのためだけにお金を使うのは，モラルの低下だ。もちろん，親は安心した老後が設計できない。このような理解である。

後で記すように，このような理解は多くの点で誤解を含むのであるが，「パラサイト・シングルは1000万人」と論じられたことが数字のインパクトをもち，誤解を拡大することになった。この1000万人という数値は，正確にはパラサイト・シングルの数ではなく，「未婚で親と同居している20〜34歳の人びと」の概数であった。つまり，未婚のまま親と同居しながらも自律的に暮らしている人びとや，逆に親を介護しているような人びとも含まれる。

当然，パラサイト・シングル論には批判も巻き起こり，誤解を解くため

の本格的な統計調査も行われた。たとえば，国立社会保障・人口問題研究所は「世帯内単身者に関する実態調査」を実施し，このような世帯ではむしろ世帯収入が低いことが多く，子どもも家計にお金を入れて相互依存で暮らしている親子が多いことを明らかにした（国立社会保障・人口問題研究所 2001）。つまり，1000万人のうち実際にパラサイト・シングルに当てはまりそうな人びとは一部分にすぎないということである。

　では，パラサイト・シングル論が虚偽で無意味だったのかというと，そういうことではない。誇大はあったものの，そのような人びとがある程度いた（現在もいる）ということは紛れもない事実である。そして重要なことは，そのような人びとにこれまで，われわれは目も向けてこなかった，ということである。当時，未婚のまま親と同居している人びとが1000万人もいるということに，（研究者も含めて）ほとんどの人は気づいてもいなかった。「成人子と親との同居」は，老親が長男夫婦や孫と同居している三世代同居が典型と考えており，政府の統計でも子どもが既婚の場合と未婚の場合で分けて数えるようなことはしていなかった。しかし，あらためて集計してみると，いつの間にか数値は逆転しており，いまや「成人子と親が同居している世帯」の典型は，未婚成人子との同居になっていたのである。「国民生活基礎調査」によると，自分の子どもと同居している65歳以上の高齢者の世帯のうち未婚の子どもと同居しているケースは，1980年には17％しかいなかった。ところが，2015年には64％が未婚子との同居となっている。2009年に既婚子との同居を逆転していたのである。

　また，世間からは「パラサイトする若者は困ったものだ」という意味でとらえられがちであったが，じつは山田は「若者が好んでパラサイトしているわけではない」ということを強調している。むしろ，パラサイトせざるをえない若者を増やすような条件が整ってしまっている社会のあり方を問題にしたのである。山田はパラサイト・シングルの成立条件として，①親の側に子どもを依存させる意志と能力（経済的余裕）があること，

②社会が豊かになって期待される生活水準が高まったこと，③標準ライフコース志向の規範が高まって多様な自立のかたちがとりにくくなったこと，の3点をあげている（山田 1999）。これらは，いずれも若者の意志とは関係がない。多くの若者は，できれば早くひとり暮らしも結婚もしたいと考えているが，その条件を整えるのが難しくなっている。その中で，親が子どもを依存させるのであれば，パラサイトが増えるのは自然の成り行きということである。

このことからもわかるように，パラサイト・シングル論はもともと若者視点の問題意識からスタートしている。青年期から成人期への移行問題を考えるうえで，親子関係の社会的変化がキーとなっているという考えのもとに行きついたのが「パラサイトを引き起こす社会的条件がそろってしまっている」という問題を指摘したパラサイト・シングル論だったのである。『パラサイト・シングルの時代』の少し前に出版された『未婚化社会の親子関係』（宮本・岩上・山田 1997）ではそのような文脈がもっと明確に示されている。この2冊は，今の時代にこそ，ぜひ冷静な目で読み直して，何を訴えていたのか考え直してほしい。

パラサイト・シングル論は，明確な問題性が乏しいと考えられていた中期の親子関係に，「互いに自律的な関係の構築」という大きなテーマがあることを知らしめた。この問題は現在もいろいろなかたちで日本中に広がっており，ニートの問題や下層化・無縁化する若者のように「社会的弱者」としての若者問題とも結びついている（宮本編 2015）。一見すると親子関係とは無縁の話にも，中期親子の自律の問題が絡みついているのである。

3　現在の中期親子関係

3.1　世代間連帯理論の枠組み

では，このような中期の親子関係に対して，家族社会学はどのように

表1　中期親子の結びつきを調べるための6要素

	概念	典型的な質問文の例 (○○には「お父さん」「お母さん」「1人目の子ども」などが入る)
①交流的連帯	いっしょにする活動の頻度やパターン	○○と電話で連絡をとることはどの程度ありますか。 この1年に○○といっしょに行った活動をすべて選んでください。
②愛情的連帯	互いの肯定的感情の程度	○○との関係に満足していますか。 ○○は，あなたとの関係に満足していると思いますか。
③共感的連帯	価値観や態度の一致の程度	○○とあなたの価値観はどの程度似ていると思いますか。 あなたは……に賛成ですか。また，○○は……に賛成すると思いますか。
④機能的連帯	資源の援助や交換の程度	この1年に○○のために使ったお金はどのくらいですか。 この1年に○○にしてもらった手助けや世話をすべて選んでください。
⑤規範的連帯	家族規範や家族役割への傾倒の強さ	親の体が弱ったときに子どもが面倒をみるのは当然だと思いますか。 子どもが成人しても，親はできるだけ手助けをしてやるべきだと思いますか。
⑥構造的連帯	外的制約による関係機会の程度	○○の家までは通常の交通手段で何分程度かかりますか。 きょうだいの人数を教えてください。 ○○の健康状態はどうですか。

研究を進めてきたのか。多くの実証研究は，世代間連帯理論という枠組みを利用している（Bengtson and Roberts 1991; 春日井 1997）。中期の親子は，前期や後期にくらべると互いの役割がはっきりしないために，あいまいで多様性が高い。そのため，そのあいまいな関係にはさまざまな側面からアプローチする必要があり，しばしば混乱の原因にもなる。世代間連帯理論は，そのような親子の結びつきを表1のような6つの側面で整理した概念枠組みである。

これらの要素は互いに関連をもつものの，それぞれ独自の概念である。世代間連帯理論を用いた典型的な研究は，6つの要素のどれか1つに注目して，その個人差がなぜ生じるのかを他の要素で説明しようとするも

のである。たとえば，愛情的連帯に注目して，親子関係の満足度の高さが援助のやりとり（機能的連帯）や接触の頻度（交流的連帯）にどのような影響を受けるのかを調べたりする。あるいは，そのような6要素の関連の仕方が親子の性別や年齢，地域や社会階層などによって，どのように違ってくるのかを調べたりする。

　いずれにしても，世代間連帯理論はこの6要素の関連を「なぜ調べないといけないのか」という理由を説明してくれるものではない。あくまで，中期の親子を客観的に調べようとすると，どのようなやり方がふさわしいのかという手段を示しているにすぎない。なぜこのようなことを調べるのかという筋道（社会的意義）は，パラサイト・シングル論のような別の理論が必要なことには注意しよう。

　また，世代間連帯理論を批判的に発展させる見方として，世代間アンビバレンス理論という考え方がある。「アンビバレンス」とは「両面的な価値感情」といったような意味で，矛盾する感情を同時に抱く交錯的な精神状態を指す。つまり，世代間アンビバレンス理論は世代間連帯理論が親子の結びつきを一方向的にとらえていることを批判して，相矛盾する感情がせめぎあう葛藤に注目する。愛情が強いが憎しみも強いとか，手助けになることが多いけれどもトラブルも多い，といった関係である。このような両面性にこそ親子関係の特徴があるという見方をする（Lüscher and Pillemer 1998; 田渕 2012）。これは非常に面白い注目点で，いわれてみればパラサイト・シングルのような中期親子の問題は，矛盾する両面的な感情にその根本があるのかもしれない。世代間連帯理論にくらべると実証的な扱い方は明確ではないが，中期の親子を理解するためには頭にとめておくべき理論である。

3.2　多様な中期親子のあり方

　現在の日本の中期親子関係については，どのようなことがわかっているのか。一般的に留意すべきことを3つだけ挙げておこう。第1に，い

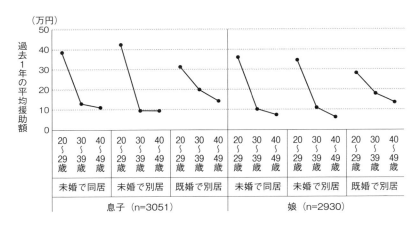

図1　親が成人子に与えた過去1年の平均援助額（子どもの性・年齢層別）
注：既婚で同居のケースは少数のため集計していない。
（出典：国立社会保障・人口問題研究所『第5回全国家庭動向調査』をもとに集計）

わゆるパラサイト・シングルと見なせるような依存的な関係は，現在そう多数派ではないことがわかっている。図1は2013年の「第5回全国家庭動向調査」における親から成人子への経済的な援助（金銭および品物）の年間平均額について整理したものである（国立社会保障・人口問題研究所 2015）。20代の子どもへの援助は平均30〜40万円程度と確かに多いが，これには学生も含まれる。30〜40代になると援助額は激減し，30歳以上になっても親に依存しているような子どもは少ない。また，このとき未婚同居子への援助は取り立てて多くはなく，むしろ結婚している子への援助のほうが大きくなっている。

　未婚同居子が親の家財を利用できて家事を頼む傾向も強い点は見落としてはならないが，現在の日本の中期親子は（未婚か既婚か，同居か別居かにかかわらず）経済面ではある程度自律的なパターンが多いと見てよい。これはパラサイト・シングルが騒がれた時代にくらべて親世代の経済的余裕がなくなったことや（ない袖は振れない），子世代のライフスタイルの変化（消費が少ない傾向など）も影響しているといわれる。

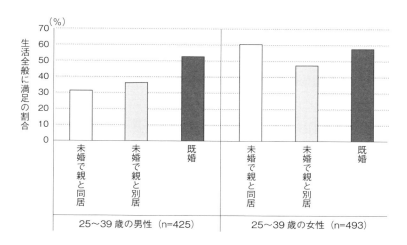

図2　未婚同居子は生活に満足しているか（男女別）
注：5択のうち「満足している」「どちらかといえば満足している」を合算した割合。
（出典：「平成13年度国民生活選好度調査」を集計した『平成13年度　国民生活白書』の結果を整理）

　第2に，中期親子の関係性は，子どもの性別によって大きく異なることに注意しなければならない。図2は2001年の「国民生活選好度調査」から，25〜39歳の人びとの生活満足度を集計したものである（内閣府2002）。いわゆるパラサイトと見られがちな状況（未婚で同居）に注目すると，男性の場合は満足度が低いことがわかる。一方で，同じ状況の未婚同居女性の満足度は高く既婚者とくらべて遜色ない。

　このような違いが生じる一因は，未婚で同居しているという状態のライフコース上の位置づけが男女で異なることである。一般に，親元で暮らす男性は経済的な理由などからやむをえず親と同居しているという意識が強く，同居を悲観的なライフコースと結びつけて考える傾向がある。一方で同じ立場でも，女性は同居を一時的なものと考えており，親との交流も活発で，同居を将来の結婚につながる順調なライフコースととらえる傾向がある。

　第3に，中期の親子は援助のやりとりや会話などの交流が多いほうが，

その関係を肯定的に評価している傾向がある。これは当たり前のことに思えるかもしれないが，互いに自律的であることが期待される中期においては，むしろ「やりとりが少ない関係を肯定的に評価する」ということがあってもおかしくはないはずで，当たり前のことではない。たとえば，きょうだいの関係では，ここまではっきりとした傾向は見られない。後期の関係をも見据えて，中期の親子関係をある程度密に保つことに特別な意味づけをしていることがわかる。

ただし，その中でどのようなやりとりがどの程度重視されているのかは，それほどはっきりとしたことがわかっているわけではない。互いに援助の授受がある互酬的な関係が好まれるという研究もあれば，受け取る量が多いほうがよいという研究もある。援助のやりとりよりも単純な接触頻度のほうが重要という知見もあるし，密度が適度に薄い関係がよいという研究もある。これは実際に中期の親子関係のあり方が多様性に富んでおり，対象の年齢層や地域，社会階層，そしてもちろん親子の性別の組み合わせなどによって，一概には扱えない難しさを示している。

4 取り組むべき課題

中期の親子関係は比較的新しい研究領域のため，前期や後期にくらべるとわかっていないことが非常に多い。そのうえで，いくつかの難しい課題も出てきている。1つの大きな問題は，そもそも「親子」の種類が多様化していることである。離婚，再婚などによるひとり親やステップファミリーは確実に増加しており，中期の親子についてさらに多様なあり方を考えなければならなくなってきた。また，これまでの中期親子関係の研究は，おもに親の視点からの実証研究が多かったが，当然のことながら成人子の立場からはまた違う視点が存在する。インタビューなどによる質的研究も不足している。

不明なことや課題も多いが，逆にいえば，画期的な研究が可能なフロ

ンティアともいえる。とくに親子関係の中期は，大学生が近い将来に経験する関係であり，当事者的な視点からの考察が行いやすいであろう。具体的には，少し上の先輩やきょうだいなどを介した中期親子へのインタビュー調査などはすぐにでも可能である。多様性が増している中期の親子について，新たに特異なケースが見出せるかもしれない（たとえば，ステップファミリーの場合や親子の年齢差が大きい場合など）。また，大学生を対象にしたアンケート調査で将来の親子関係についての意識調査をすることも意味があるだろう（そのときには，世代間連帯理論の6要素が参考になるはずである）。前期から中期に移行しようとしているこの時期の親子が将来にどのようなイメージをもっているのかをとらえることは，理論的にも重要である。

　中期の親子関係は身近であると同時に，子育てや介護などにまつわる社会制度のあり方とも関わる深みのある対象である。自らの近い将来のことを考えることにもつながる。不明なことや新しい動きは多く，学生の卒業研究などでも十分に画期的な成果があげられると思う。興味をもって中期親子の問題に取り組んでくれる人が1人でも増えることを願う。

参考文献

Bengtson, Vern L. and Robert E.L. Roberts, 1991, "Intergenerational Solidarity in Aging Families: An Example of Formal Theory Construction," *Journal of Marriage and the Family*, 53: 856-870.

Hagestad, Gunhild O., 1987, "Parent-Child Relations in Later Life: Trends and Gaps in Past Research," In Lancaster, Jane B. et al. (ed.), *Parenting across the Life Span: Biosocial Dimensions*, New York: Aldine de Gruyter, 405-433.

春日井典子，1997，『ライフコースと親子関係』行路社．

国立社会保障・人口問題研究所，2001，「世帯内単身者に関する実態調査 結果の概要」（2016年11月30日取得：http://www.ipss.go.jp/ss-seikatsu/j/tanshin/tanshin.pdf）．

国立社会保障・人口問題研究所編，2015，『現代日本の家族変動——第5回全国家庭動向調査』

厚生労働統計協会.

Lüscher, Kurt and Karl Pillemer, 1998, "Intergenerational Ambivalence: A New Approach to the Study of Parent-Child Relations in Later Life," *Journal of Marriage and Family*, 60: 413-425.

正岡寛司, 1993,「ライフコースにおける親子関係の発達的変化」石原邦雄ほか編『家族社会学の展開』培風館, 65-95.

宮本みち子・岩上真珠・山田昌弘, 1997,『未婚化社会の親子関係』有斐閣.

宮本みち子編, 2015,『すべての若者が生きられる未来を──家族・教育・仕事からの排除に抗して』岩波書店.

内閣府編, 2002,『平成13年度 国民生活白書』ぎょうせい.

田渕六郎, 2012,「少子高齢化の中の家族と世代間関係──家族戦略論の視点から」『家族社会学研究』24(1): 37-49.

山田昌弘, 1999,『パラサイト・シングルの時代』ちくま新書.

8

多様化する
パートナーシップと
共同生活

阪井裕一郎
Sakai Yuichiro

1 結婚しない人が増えれば子どもは減るのか？

　結婚しない人が増えたことによって子どもが減っている——。このような説明は疑いの余地のない"常識"として定着している。しかし,「結婚しない人が増えれば子どもが減る」とは必ずしも言い切ることはできない。というのも,先進国の中には,婚姻率が低下しているにもかかわらず,出生率が人口の増減しない均衡した状態となる人口置換水準に近い数値まで回復している国が多くあるからだ。

　結婚する人が減ったのに出生率が上昇しているとは,いったいどういうことなのだろう？　日本に暮らしていれば,奇妙に思う人も多いはずだ。このような状況を理解するうえで重要なのが,結婚をしないで同居するカップル,すなわち**事実婚**や**同棲**の増加である。

　10年ほど前,筆者が友人の結婚式に参加したときの話である。新郎新婦はいわゆる「できちゃった婚」であった。新郎の父親がスピーチの際に,「この二人は正しい順番を守らずに結婚に至ってしまったわけですが……」と前置きしてから祝辞を述べたことを覚えている。その場にいたほとんどの人はとくに気にもとめなかったと思う。しかし,"正しい順番"とは何だろう？　近代家族の一要素とされるロマンティックラブイ

デオロギーにおいては,「恋愛→結婚→妊娠→出産」という順番こそが「正しい」とされる。おそらく現在でも日本で暮らす多くの人はこれが"正しい順番"だと思っているであろう。もちろん,この"正しい順番"は現代日本では少なからず揺らいでおり,近年では,「結婚」より「妊娠」が先となる妊娠先行型結婚の割合が増え,とくに10代から20代前半までの結婚では過半数を占めている。とはいえ,このような結婚は今なお否定的に見られがちであるし,とくに注目しておかなければならないのは,出産の時点ではほぼすべてのカップルが「結婚」しているということだ。「子どもは結婚している夫婦から生まれなければならない」(＝嫡出子でなければならない)という社会規範のことを嫡出規範と呼ぶが,今なおこの規範が根強く存在しているのである。

　結婚している夫婦が子どもを産む──。そんなことは当たり前だろう,と思う人が多いだろう。しかし,北西欧社会の現状を見るとそうとはいえない。図1は,先進諸国の婚外出生割合を示したグラフである。婚外出生割合とは,全出生数のうち「結婚していない親から生まれる子ども」の占める割合を意味している。2012年時点で,日本が2.2％であるのに対し,スウェーデンやフランスでは過半数を占めており,そのほかの国でもおよそ3割から5割を占めているのがわかるだろう。われわれの多くが抱いている"常識"では,子どもは結婚した夫婦から生まれるもののはずだ。しかし,国際比較の視点で見てみると,結婚した夫婦から生まれる子どもが,むしろマイノリティになっている国さえあるわけだ。さらにいえば,先進国を比較すると,このような国で出生率が高いことが明らかになっている。

　もちろん,少子化の原因とその対策については,他章でも論じられているように,福祉政策やジェンダー平等,雇用など多角的な視点から検討することが重要である。とはいえ,人口学では,出生力とは有配偶率,有配偶出生力,婚外出生力の3つの要素から説明されるものであり(筒井2015),近年先進国で増加しているのが,3つ目の「婚外出生力」であるこ

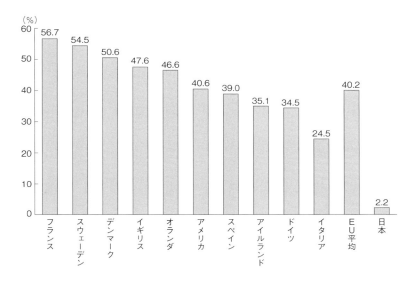

図1　婚外出生割合の国際比較（2012年）
（出典：Eurostat，日本は厚生労働省「人口動態調査」をもとに作成）

とに注目したい。そして，そのカギを握るのが「同棲」や「事実婚」という新たなパートナーシップである。本章では，従来の法律婚とは異なるかたちで実践される多様なパートナーシップや共同生活に関する国内外の状況や歴史を学び，そこから現代の家族をめぐる諸問題を理解することが目的となる。

2　欧米社会における同棲の普及

2.1　同棲の普及

　まずは，欧米社会の同棲について見ていこう。欧米の映画やドラマなどを見ていると，交際を始めたばかりの恋人同士が次のシーンではすでに一緒に暮らしているという場面に出くわすことが多い。日本的な感覚からすると，「えっ？　もう結婚したの？」と不思議に思ってしまうかもしれない。だが，2人は結婚したわけではなく，交際をきっかけに同居

を始めたにすぎない。このように，現在の欧米では「交際」と「同棲」が密に結びついている。

　欧米社会では，この40年間に「家族」をめぐって生じた最も大きな変化が，結婚せずに同棲するカップルの増加だといわれる（Nazio 2008）。結婚せずに同居を開始するだけでなく，出産・子育てまでが同棲の中で行われることも多い。それゆえ，近年の家族研究では，同棲もまた重要な研究対象となっている。もちろん，欧米の国々でも以前から同棲が多かったというわけではない。婚外の性交渉を厳しく禁じるキリスト教道徳が支配的であった時代には，婚前同棲は，"living in sin"（罪に生きる）などと呼ばれ不道徳なことだと考えられていた。では，なぜ同棲が増えてきたのだろうか。欧米諸国で同棲が普及したプロセスを概観しておこう。

　欧米では，1960年代から70年代頃より徐々に同棲が普及しはじめた。同棲の普及過程については，おおよそ3つの段階に区分して説明されることが多い（Morgan 2000）。まず，第1段階は，「アヴァンギャルド現象」としての増加である。すなわち，同棲が，結婚制度への抵抗としての実践であり，対抗文化として「逸脱的」なものと位置づけられている段階である。その時代背景としては，男女平等や個人の権利をめぐる社会意識の高まりがあった。

　次の第2段階は，「同棲から結婚へ」というライフコースの標準化ないし規範化である。1980年代頃になると，同棲を経由せずに直接結婚に至ることのほうが，むしろ「逸脱」とされるような社会意識が浸透する。婚前に同居することで，将来の配偶者との相性を確認するという「トライアル」のプロセスが一般化したのである。一例を挙げると，あるイギリスの調査によれば，1960年代には結婚前に同棲する女性の数はわずか5％程度であったが，1990年代になると女性の70％以上が将来の配偶者と同棲を経て結婚に至っている（Haskey 1995）。

　そして第3の段階は，同棲が「結婚の代替（alternative to marriage）」あるいは「結婚とほとんど区別できないもの」として受容される段階である。

1990年代後半頃より欧米諸国では，同棲カップルにも法律婚カップルと同等の生活保障を与えることで，同棲と結婚の2つに大きな差がなくなる事態が生じた。代表的なものとしては，スウェーデンのサムボ法（1988年）やフランスのPACS（1999年）などが挙げられる。ここでは各制度についてくわしく論じないが，これらのパートナーシップ制度に登録することで，法律婚をせずとも，税や社会保障，相続，財産の分割といった法律婚に与えられる権利の多くが同棲カップルにも適用されることになった。徐々に婚外子に対する差別も撤廃されていき，結果として婚外出生の割合も増加したのである。

2.2　同棲を選ぶ理由

それでは，現代社会において，なぜ若者たちは結婚ではなく同棲を選択するようになったのだろうか。同棲を選択した理由については多くの調査結果がある。すでに述べたように，同棲が普及した当初，それは結婚制度への抵抗という性格が強かった。しかし，1990年代以降の調査を見ると，同棲の意味は大きく変わっていることがわかる。たとえば，2008年にアメリカで行われた調査では，同棲する理由の回答として，「パートナーとより長い時間一緒にいたい」が61.2％で最も多く，次いで「経済的なメリット」が18.5％，「パートナーとの関係をテストするため」が14.3％，「結婚制度を信じていないから」が6％という結果となっている（Rhoades et al. 2009）。ここで注目すべきは，従来は同棲の主要な動機と思われていた，トライアルや結婚制度への不信がきわめて低い比率となっていることである。現在では，同棲は必ずしも結婚と直結するものではなく，交際（dating）の一形態として市民権を得ているのである（Casper and Bianchi 2002）。

そのほかにも，同棲の選択理由に関してはさまざまな見解が示されている。たとえば，社会階層的な視点からは，親の所得や離婚経験が子の同棲選択に強く影響を与えるというデータがある。各国の同棲普及率の

度合いにかかわらず，この傾向は共通に確認される。子どもは，不幸な家庭環境から早急に逃れる手段として新たな関係性としての同棲を求める傾向があり，同棲は親の離婚や再婚を経験した子どもが選択しやすいものだと指摘されている（Amato and Booth 1997）。

　90年代以降の若者の結婚回避と同棲の増加については，社会構造の流動化や不安定化という視点から分析する社会学者もいる。ドイツの社会学者エリーザベト・ベック＝ゲルンスハイムは，若年層を中心に増加する同棲を，リスク解消戦略だと分析する（Beck-Gernsheim 2002）。彼女によれば，現代では，人びとが結婚や再婚に踏み切るときには，否応なく高い離婚統計のような知識を参照にする。あるいは，社会の流動性の高まりや経済の不安定化といった構造的条件を考慮に入れる。こうした個々人の自分自身や社会状況に対するリスク意識の高まりが，結婚ではなく，同棲のような緩やかな関係性へと人びとを導いているという指摘である。つまり，流動的（liquid）な社会で，結婚のような固定的（solid）な関係に参入することを忌避する意識が同棲の選択につながっているということができるだろう。

　このように，欧米社会の多くで社会構造の変化が若者を同棲という選択に導いているのに対し，日本はそれとはいくぶん異なる状況にある。次に日本の状況について確認してみよう。

3　日本における同棲と事実婚

3.1　日本における事実婚の歴史

　日本は先進国の中では結婚外での同棲が非常に少ない社会である。近年，日本でも欧米と同様，家族が多様化しているといわれるものの，日本では同棲がそれほど増加していないこと，そして婚外出生割合が依然として低い数値にとどまっていることは最も大きな違いの1つといってよいだろう。厚生労働省による2015年の「第15回出生動向基本調査（結

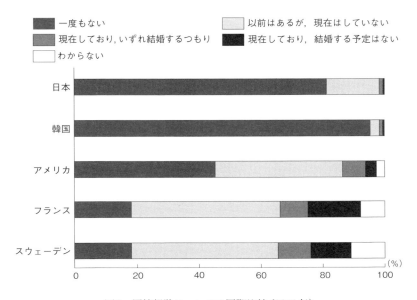

図2　同棲経験についての国際比較（2011年）
（出典：内閣府政策統括官「少子社会に関する国際意識調査報告書（全体版）」）

婚と出産に関する全国調査）」によれば，同棲経験のある18歳から34歳の未婚者の割合は，女性7.0％，男性5.6％にすぎない（国立社会保障・人口問題研究所 2016）。図2は同棲経験についての国際比較データであるが，欧米にくらべて日本・韓国における同棲経験率が低いことがわかるだろう。欧米では社会構造の変化と若者のリスク意識の高まりが同棲の普及につながっている一方，今なお「結婚か独身か」の二項図式の強い日本においては，社会構造の変化がパートナーシップの形成そのものを阻害しているといえる。

　もちろん，一口に同棲カップルといってもさまざまな形態や動機があることには注意しておかねばならないだろう（不破 2010）。とくに日本社会においては，結婚をせずに同居するカップルを，大きく「内縁」と「同棲」の2つに分けることができる。この2つを分類する基準は必ずしも明確ではないが，内縁は，婚姻の届け出はなくとも，「婚姻意思をもって

事実上夫婦として共同生活を営んでいる男女の社会的生活実態に基づき，法解釈上婚姻に準ずる関係として法律上の効果と保護を認める概念」である（曽田ほか 2013：7）。法律上は「内縁」と表記されるが，とくに近年では当事者たちによって「事実婚」と呼ばれるものである。たんなる同棲とは異なり，本人たちに「結婚」や「夫婦」という認識があり，多くは住民票を同じにする，あるいは結婚式を挙げるなどの何らかの公的な手続きを経由しており，子どもをもっているカップルも少なくない。ここでは，近年注目を集めている事実婚に焦点をあてて，くわしく見ていくことにしよう。

歴史的に見てみると，日本は欧米よりもはるかに「内縁」の多い国だった。そのことを示す興味深いエピソードを1つ紹介しておこう（湯沢 2010）。日本政府が世界の強国を目指していた1913年（大正2），当時内務大臣だった原敬は，国民の志気を上げる方策として日本が欧米列強と並ぶ一等国であることをデータで示そうとし，「各国国力比較表」なるものを作成しようと考えた。原は部下たちに日本が誇るべき「世界一」のデータを探してくるよう命じたが，部下たちは「世界一」のものが2つだけあったと言って戻ってきた。その2つとは，「離婚の数」と「私生児の数」であった[注1]。原は落胆し，この画策を諦めたという。なぜ「私生児」が多かったのかといえば，戦前の日本では内縁関係が多く存在したからである。

では，なぜ内縁が多かったのだろうか。当時の日本では，内縁は「イエ」制度と密接に関連していた。法律の知識や手続きが農村部にまで十分に浸透していないなどの理由もあったが，「イエ」制度にまつわるさまざま

注1——このエピソードは，山室軍平著『社会廓清論』（1914年刊）に記載されているものである。ちなみに，「私生児」という言葉は現代では差別用語であるとして使われず，法律では「非嫡出子」と表記されている。しかし，「嫡出」という言葉には「正統な（legitimate）」という意味が含まれており，この表記にも問題があることが指摘されている。現在では「婚外子」が最も中立的な言葉として用いられる傾向にある。

な規範や慣行によって，正式な法律婚から締め出された女性が多く存在したことが大きな要因である。1つには「足入れ婚」（「シキマタギ」など地域によってさまざまな呼称がある）という慣行の存在がある。これは，正式な結婚をする前に，女性が夫側の「家風」に合うかどうか，「嫁」として適格であるかどうかを試される期間のことである。妊娠がわかってから初めて「嫁」として認められ正式に結婚することも多かった。跡継ぎを産むことが何よりも重視された「イエ」制度のもとでは，女性が子を産めなければ離婚させられることもありふれたことであった。それゆえ，結婚後に離婚して"戸籍を汚す"ことがないよう，あらかじめ妊娠を待って正式な結婚をしたというわけである。もう1つの理由は，「妾」が多かったことである。たとえば，山川菊栄が明治期を振り返って，「多少身分のある家なら，妾のいない方が不思議がられるくらい，それは一般的なものであり，自分の家に妾のいるのも，妾腹の子が何人もいるのも珍しくない場合が多い」（山川［1943］1983：134-137）と記すように，内縁関係として法律婚から締め出された女性が多く存在したのだ。

　それゆえ，戦後になると内縁は「イエ」制度批判の観点から問題視されるようになった。家族関係の民主化を唱える我妻榮や中川善之助といった戦後を代表するリベラルな法学者たちの多くは，事実婚を否定し，法律婚主義の徹底化を主張していたのである（阪井 2012）。当時は，事実婚こそが「封建的」であり，法律婚こそが「民主的」と考えられていたのだ。

　その後，日本が高度成長の時代に突入し，近代家族が大衆化していく中，事実婚の存在はしだいに忘れ去られていく。事実婚が再び注目を集めるようになるのが1980年代である。女性の社会進出やそれにともなう夫婦別姓が社会問題として浮上したことがその背景にある。事実婚という言葉それ自体も，従来とは異なり，個人が主体的に選択する実践として注目を集めることになった。

3.2　夫婦別姓

　現在の日本の事実婚を考えるとき，避けては通れないテーマが夫婦別姓といえるだろう。日本の事実婚の特殊性は，「夫婦別姓のため」に事実婚を選ぶケースが多いことだ（善積 1997）。結婚した夫婦は同じ姓を名乗らなければならないという，いわゆる「強制的夫婦同姓制」を法律で定めているのは，国連加盟国では日本とジャマイカの2カ国だけだとされる。同姓も別姓も（あるいは結合姓を）自由に選択できる他の国では，別姓のために事実婚を選択するということはまずありえない。だが，日本では，夫婦が異なる姓のままでいようとするならば，事実婚を選ぶしかない。国連は日本政府に対して繰り返しこの制度を是正するよう勧告を行っているものの，多くの反発があり，今なお改正には至っていない。

　選択的夫婦別姓制度の導入に対する反論にはさまざまなものがあるが，「日本の伝統を破壊する」という意見がその代表的なものの1つである。しかし，じつは夫婦同姓は日本の伝統とはいえない。そもそも明治以前は武士にしか姓を名乗ることが許されておらず，武士は夫婦別姓（より正確にいえば，男女とも「所生の氏」を変更することはなかった）を伝統としていた。1898年（明治31）の民法制定によって，初めて「夫婦同姓原則」が確立したわけだが，これは西洋文化の「ファミリー・ネーム」を模倣した側面も強かった（増本ほか 2000）注2。

　戦後，1947年（昭和22）に民法が改正され，結婚後に男女どちらかの姓を選ぶことが可能となったが，夫婦同姓原則は保持された。そして，2015年の厚生労働省の調査によれば，今なお結婚した夫婦の96.1％が男

注2——原則として，妻は結婚によって夫の家（戸籍）に入り，「嫁」として夫の家の姓を名乗ることになった。これを「入籍」と呼ぶ。ちなみに，戦後日本では「入籍」する夫婦はほとんど存在していない。戦後日本では男女が結婚する際に新たな戸籍を作成するのが一般的であり，夫の家の戸籍に妻が入ることはきわめて稀なケースである。現在でも「入籍」という言葉が使われるが，それはおそらく婚姻届を役所に「入れる」ことを意味しており，元の意味とは異なっている。また，しばしば誤解されていることだが，「入籍届」は，離婚して夫婦の戸籍が別々となった際，親権をもつ親の戸籍に子を移動させる際の手続きに使用されるものである。

性側の姓を選択しているのが実情である。1990年代より徐々に仕事上の「旧姓の通称使用」が認められるようになったものの，共働き夫婦が増加する中で，強制的同姓制度によって多くの人びと（その多くは女性）が不利益を被っているのだ。

このように見れば，日本で注目されている事実婚の実践者たちは，必ずしも法律婚そのものに否定的であったり，積極的に選択しているとは限らないことがわかるだろう。人びとの価値観や関係性の変化に法律が対応していないことによって生じている側面も大きいのである。

4　同居の「家族主義」：だれと一緒に暮らすか？

2015年の「第15回出生動向基本調査（結婚と出産に関する全国調査）」では，「男女が一緒に暮らすなら結婚すべきである」という質問に「賛成」と回答する人が未婚男性で74.7％，未婚女性で70.5％にのぼる。日本では結婚していない恋人どうしが同居することには今なお根強い反発が存在するのだ。この背後には，共同生活をめぐる「家族主義」の存在がある。ここでは，パートナーシップよりも少し視野を広げて，「住まい」や「同居」をめぐる日本の問題を確認することにしたい。

日本は「同居＝家族」規範がきわめて強い社会である（久保田 2009）。すなわち，一緒に住む相手は「家族」であるべきであり，そうでなければ「ひとり暮らし」であることが前提となっている。それゆえ，欧米の若年層において一般的な選択肢であるシェア居住が少なく，カップルであっても「一緒に暮らすならば結婚すべきである」というように，法律上の家族になるべきことが想定されている。これは単純に人びとの意識の次元に還元できる問題ではない。そもそも住宅の構造それ自体が，家族で暮らすか，さもなければひとり暮らしであることを前提として設計されており，人びとは住宅構造に自身の生活を合わせざるを得ないということもできる。上野千鶴子が，「人間の用のために空間があるのではなく，空間

の配置にあわせて生き方がつくられる」(上野 2002: 17)と述べるように，住宅そのものが理想化された特定の家族モデルを前提につくられているのである。

近年，このような同居をめぐる「家族主義」が，少子化にも強く関連していることが指摘されるようになってきた。これまで未婚化や少子化については，おもに労働市場や家族観の変容といった観点から研究が蓄積されてきたといえる。しかし，人びとの「住まい方」や政府による住宅政策のあり方が，家族形成に大きな影響をおよぼすというデータもあるのだ。

若者(ここでは25歳〜34歳を指す)の世帯形成に関するOECD諸国の比較データを参照しよう(日本住宅会議編 2008)。若者の「住まい方」に関してみると，OECD諸国は大きく2つのグループに分けることができる。

1つ目のグループは，若者が世帯主やその配偶者(同棲含む)として親から独立した世帯を形成している割合が高い国である。ここにはイギリス，フランス，スウェーデン，フィンランドといった北西欧の国が含まれる。これらの国々では，成人したら親元を離れるべきだとする離家規範がきわめて強く，スウェーデンやフィンランドでは95％以上もの若者が親から独立して暮らしている(欧州の親子同居率については図3)。そして，これらの国々は出生率が高いという特徴がある。同棲や婚外子の権利保障を拡大する法整備も進んでおり，親世帯から独立した後に同棲世帯を形成する割合が高い。さらに，公共借家率や公的住宅手当が高いなど公的な住宅支援が充実しているという特徴をもつ。

もう1つのグループは，これとは反対に，若者が学校卒業後も親元にとどまる傾向が強い国々である。ここには日本のほか，イタリア，スペインといった南欧の国が含まれる。これらの国では，若者のおよそ40％が親世帯で暮らしている。エスピン＝アンデルセンは「二世代での暮らしは，強度の家族主義を示す指標である」と述べているが(Esping-Andersen and Palier 2008=2008: 109)，公的な住宅支援が貧弱であり，家族の相互扶助

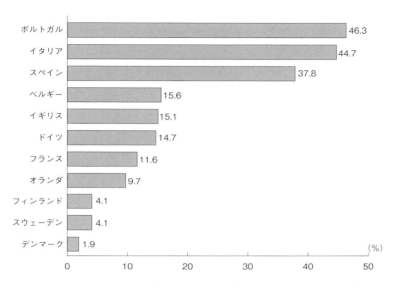

図3 ヨーロッパにおける若者の親子同居割合（25歳から34歳，2011年）
（出典：Eurostatをもとに作成）

が期待されている社会である。これらの国は，出生率が低いという共通点をもっている。

　近年では日本や南欧に限らず，アメリカなどいくつかの先進国で親子同居率の増加が確認されており，アメリカの社会学者キャサリン・ニューマンは，こうした現状について「アコーディオン・ファミリー」という概念を用いて分析を試みている（Newman 2009=2013）。彼女によれば，グローバル規模での経済危機と労働市場の不安定化の中で，親元に舞い戻ってくる子ども（ブーメラン・キッズ）の増加が多くの先進国に共通する社会現象となっている。子どもが出たり戻ったりすることで，世帯が「アコーディオン」の蛇腹のごとく伸び縮みを繰り返しているというのだ。とくに，日本や南欧のような家族の相互扶助が期待される社会では，不安定な若者が親元に舞い戻る傾向が強い。若者の生活が不安定化したときに，親が子どもを支えざるをえないのだ。

以上，ここでは親子同居率のデータをもとに，若者の「住まい方」と世帯形成について確認したが，多様な「住まい方」や共同生活を保障することが，社会を維持・発展させるうえで，また，個人の生活を安定化するうえで不可欠になってきていることがわかるだろう。

5　共同生活を再考する：家族を超えた連帯

　本章では「多様化するパートナーシップと共同生活」という視点から現代の家族について論じてきた。現代の日本では，生涯未婚率の上昇や単身世帯の急増，孤独死，貧困・格差，ケアの担い手不足といった家族をめぐるさまざまな社会問題が現れている。最後に，本章での議論をもとに，このような社会問題に対処するうえでいったい何が必要なのかを考えてみたい。

　エスピン＝アンデルセンは，「新たな家族政策の要点は，現代社会での福祉が『脱家族主義化』を前提条件としているという明白な逆説のなかにある」のであり，「伝統的な家族主義はいまでは，まずもって親になることにたいする障害であるということだ」と述べる（Esping-Andersen 2009=2011: 107）。本章では扱わなかったLGBTの人びとを含めて，多様なパートナーシップや家族形成，子育てのあり方を承認し，制度的に保障している国ほど出生率が高いのである。従来の家族依存から脱却し，家族を超えた多様な「つながり」や「連帯」を社会が供給することが求められているのだ。

　このときに大切なのが「自立」と「依存」という2つの概念を捉えなおすことである。われわれは自立と依存を対義語と見なしがちである。しかし，小児科医の熊谷晋一郎が述べるように，この2つは決して対義語とはいえない。脳性麻痺の当事者でもある熊谷によれば，障害者か健常者かにかかわらず，「私たちの生活は常に膨大なケアに依存することで可能になっている」のであり，「健常者とは，けっしてケアなしで自立でき

る存在などではなく，すでに物的・人的環境によって十分にケアを受け，依存できている存在なのであり，いっぽう障害者とは，いまだ十分にケアを受けておらず，周囲に依存できていない存在」なのである（熊谷 2012: 204-205)。

　熊谷の指摘は家族問題を考えるうえでも示唆に富んでいる。家族主義の社会というのは，言い換えれば，依存先が家族だけに限定されている社会である。しばしば日本の親子同居率の高さにもとづいて，日本の若者は「甘え」ており「自立できていない」と語られる傾向がある。しかし，正確にはこう言うべきであろう。北西欧の若者には，家族以外の多様な依存先が存在しており，それが若者の家族からの「自立」を可能にしている。一方，日本では，依存先が家族に限定されているがゆえに，個人が困難に陥ったときに家族に依存せざるをえない。多様な依存先の存在が個人の家族から「自立」した生活を可能にするという視点こそが大事なのだ。

　こうした視点で，われわれは家族やパートナーシップの形成だけではなく，より広い視野で「同居」をめぐる常識を再検討していかなければならない。求められているのは，共同生活や相互依存関係に対する従来の思考枠組みから自由になることである。1つ例を挙げるなら，近年，一軒家で暮らす単身高齢者とシングルマザーによるシェア居住という試みが実践されている。これは，血縁のない「他人」どうしである単身高齢者とシングルマザーが相互に依存しあい，それぞれの不足を補うことで生活の安定化を達成しようという試みだといってよい。そのほかにも，従来の家族関係を超えた同居の試みが徐々に登場しはじめている。こうした共同生活のあり方はこれまでの家族主義的な思考枠組みの中では決して生まれてこなかったものだろう。未婚率や離婚率の上昇によって，家族関係から離脱する人びとが増える中，われわれは従来の枠組みにとらわれることなく，さまざまな共同生活を展望していくことが求められている。家族を超えて人びとの「ニーズ」と「資源」をつなげていくことに

よって，多くの社会問題を解決する糸口が見えてくるはずである。

参考文献

Amato, Paul and Alan Booth, 1997, *A Generation at Risk: Growing Up in an Era of Family Upheaval*, Cambrige, MA: Harvard University Press.
Beck-Gernsheim, E., 2002, *Reinventing the Family*, London: Polity Press.
Casper, Lynne M. and Suzanne M. Bianchi, 2002, *Continuity and Change in the American Family*, Thousand Oaks, CA: Sage Publications.
Cherlin, Andrew, 2004, "The Deinstitutionalization of American Marriage," *Journal of Marriage and Family*, 66: 848-61.
Esping-Andersen, Gøsta and Bruno Palier, 2008, *Trois leçons sur l'État-providence, Document Transcript*, Paris: Seuil.（＝2008，林昌宏訳『アンデルセン，福祉を語る──女性・子ども・高齢者』NTT出版）
────，2009，*The Incomplete Revolution: Adapting to Women's New Roles*, Cambridge: Polity Press.（＝2011，大沢真理監訳『平等と効率の福祉革命──新しい女性の役割』岩波書店）
不破麻紀子，2010，「同棲経験者の結婚意欲」佐藤博樹・永井暁子・三輪哲編『結婚の壁──非婚・晩婚の構造』勁草書房，77-96．
Haskey, John, 1995. "Trends in Marriage and Cohabitation: The Decline in Marriage and the Changing Pattern of Living in Partnerships," *Population Trends*, 80: 5-15.
国立社会保障・人口問題研究所，2016，『第15回出生動向基本調査（夫婦調査の結果概要）』．
久保田裕之，2009，『他人と暮らす若者たち』集英社新書．
熊谷晋一郎，2012，「解説：共依存概念がケアを斬る」信田さよ子『共依存──苦しいけれど，離れられない』朝日文庫．
増本敏子・久武綾子・井戸田博史，2000，『氏と家族──氏〔姓〕とは何か』大蔵省印刷局．
Morgan, Patricia, 2000, *Marriage-Lite: The Rise of Cohabitation and its Consequences*, Trowbridge: The Cromwell Press.
Nazio, Tiziana, 2008, *Cohabitation, Family and Society*, London: Routledge.
Newman, Katherine S., 2009, *The Accordion Family: Boomerang Kids, Anxious Parents, and the Private Toll of Global Competition*, Boston: Beacon Press.（＝2013，萩原久美子・桑島薫訳『親元暮らしという戦略──アコーディオン・ファミリーの時代』岩波書店）
日本住宅会議編，2008，『若者たちに「住まい」を！』岩波書店（岩波ブックレット）．
Rhoades, Galena, K., Scott. M. Stanley and Howard J Markman, 2009, "Couples' Reasons for Cohabitation: Associations with Individual Well-being and Relationship Quality," *Journal of Family Issues*, 30（2）: 233-258.
阪井裕一郎，2012，「事実婚と民主主義──視座の変容から考える現代的課題」『人間と社会の

探究』74：1-17.
曽田多賀・紙子達子・鬼丸かおる編，2013，『内縁・事実婚をめぐる法律事務』新日本法規．
筒井淳也，2015，『仕事と家族——日本はなぜ働きづらく，産みにくいのか』中公新書．
上野千鶴子，2002，『家族を容れるハコ　家族を超えるハコ』平凡社．
山川菊栄，［1943］1983，『武家の女性』岩波書店．
善積京子，1997，『〈近代家族〉を超える——非法律婚カップルの声』青木書店．
湯沢雍彦，2010，『大正期の家族問題』ミネルヴァ書房．

Part 3

家族社会学の幅の広さに触れる

9

家族と
お金と愛情

田中慶子
Tanaka Keiko

1 「家族」で暮らす・「家族」と暮らす

　「試算してみたんです。家賃，水道，光熱費などの生活費を折半した場合の収支，食事を作ってもらった場合と外食との比較，毎週，家事代行スタッフを頼んだときとの比較，そしてOC法にもとづいた専業主婦の年間無償労働時間は2199時間になりますが，それを年収に換算すると304.1万円。
　そこから時給を算出し，1日7時間労働と考えたときの月給がこちら（→19万4000円）。そして生活費を差し引いた手取りがこちらで，健康保険や扶養手当を有効利用した場合の試算もしてみました（→トータル　生活費支出1万9500円減額）」

　これは2016年秋に放送されたTBSの人気TVドラマ「逃げるは恥だが役に立つ」第1話の一場面である（原作は海野つなみの同名マンガ，講談社刊）。
　主人公の24歳の独身・職なしの女性からの契約結婚という「突拍子もない」提案に対して，もともとは彼女に家事代行サービスを依頼していた独身35歳の男性が，上記のような説明をしながら，「家事労働者」として彼女を雇用し（自身は雇用主となる），かつ対外的には結婚＝夫妻関係と見

せかけて共同生活を送ることは双方にとって「合理的」であることを説明し，彼女の提案を受け入れることからドラマは展開する。

ここであらためて考えてみてほしいのだが，なぜ，家事サービスの専属提供契約に居住提供して部屋代はとる「住み込みのお手伝いさん」ではなく，ルームシェア（主人公の女性が「間借り」しているという表現のほうが正確だが）でもなく，契約結婚＝見せかけは夫妻になるという形態が，双方にとって合理的なのだろうか。本章では，この事例をもとに家族の「愛情」と「お金」のさまざまな問題について考えていこう。

主人公の女性と同年代，20代未婚者では，親と一緒に暮らしている人が2010年時点ではおよそ７割である（総務省統計局「国勢調査」）。今はひとり暮らし，あるいはだれかと暮らしていても，進学・就職以前には自分の親やきょうだいから構成される「核家族」で暮らす人が多い。現代では一つ屋根の下に暮らすのは（親，きょうだい，さらに祖父母という）親族のみであることが多く，親戚関係にない赤の他人と同居することや，複数の家族が一緒に暮らすことは少数である。

「住居と生計を共にしている人の集まり又は一戸を構えて住んでいる単身者」を世帯という。「住居と生計を共にしている人の集まり」である世帯は私たちが認識する家族と重なる部分があり，その範囲が完全に一致する人も多い。世帯には家族（正確には親族）以外の人を含む可能性がある。戦前にはお手伝いさんなどの非親族が同居する世帯もあり，子ども数も多く，高度経済成長期以前は一世帯当たりの平均人員は４〜５人であった。しかし，最近（2010年）は平均2.42人で，ひとり暮らしの世帯を除く２人以上の世帯のみの平均でも3.10人と小家族化している（総務省統計局「国勢調査」）。子ども数が減っている（少子化），ひとり親世帯や子どものいない夫妻のみ世帯が増加することで，世帯の平均人数は減少する。雇用主（家族）と使用人で暮らす自営業の世帯を思い浮かべてみるとわかるように，非親族を含む構成の世帯は，かつてはめずらしいものではなかっただろう。しかし，現在では，そのような構成の世帯は非常に少な

い。雇用契約も含むルームシェア，住み込みでもなく，同棲とも言わずに，未婚の男女が親や親族，同僚に対して正当に同居するには，「結婚した」という説明が最も「合理的」であるという私たちの認識を背景としてこのドラマは成立している。

2　家族間の「お金」と「愛情」

　「家族」の中には，夫妻関係というヨコのつながりと，親子関係というタテの関係を含むと考えるのが一般的である＿＿注1。結婚（婚姻）による夫妻関係とは相互の協力により維持される関係で，戸主≒夫が優位と規定されていた戦前とは異なり，理念のうえでは両性が平等な関係である。しかし現代の夫妻は，夫が外で働く稼得＝生産役割を担い，妻が主婦として，家で家事や育児・介護というケア＝再生産役割をもっぱら担うという性別役割分業体制がモデルとなっている。妻はさらに家計補助のためにパート労働を行うなど，「家事・育児と仕事」という二重役割を担っている人も多数である。日本の家計は働いていない専業主婦世帯はもちろん，妻が働いていても，大きなサイフ＿＿注2の紐は妻が単独で握っている世帯が多く，夫から収入（全部あるいは一部）を渡され，そのお金で日々の生活をやりくりする家計管理は妻の重大な役割となっている。

　最近は，夫妻2人とも働く共働き世帯が増加しているが，その実態は，夫がフルタイム，妻はパートで，夫妻間で収入格差がある世帯が多い。若い世代を中心に，ともにフルタイムの夫妻が増加しているが，夫が主たる稼ぎ手という世帯が多数である。一方で子どもがいる共働き世帯であっても，妻の家事時間は1日当たり平均3時間27分，育児時間45分に

注1──誤解のないように付言すると，きょうだい2人だけでも家族であり，伯父と甥，あるいはあなたとペットの関係もあなたが「家族」と言えば家族である。
注2──ここでは世帯あるいは家族単位の家計を「大きなサイフ」と呼び，個人単位の「個計」とは区別する。

対し，夫の家事は12分，育児は12分である（総務省統計局「平成23年度社会生活基本調査」）。

　ある試算によると，女性のケア労働は年間で1381時間，男性は284時間と4.9倍の差がある。ドラマの中で主人公の「基本給」の算出元となった，ケア労働の金銭換算は，女性全体では年間192.8万円，男性全体では51.7万円である。考えやすく時給換算すると，女性は1396円，男性は1820円となる。この時給が妥当か否かの評価はともかく，もっぱら家事を担っている女性のほうが低いことに注意が必要である。女性の働き方別にみると，有職女性全体では年間で約223万円，ドラマの主人公にあたる無職女性（専業主婦）全体では，約304万円という評価である（内閣府経済社会総合研究所 2013）。

　夫妻関係においては，基本的な生活を成り立たせる（再生産の）ために，家族内外のあらゆること，たとえばどちらが働き生活の糧を得るのか，家事をどう分担するのかといったさまざまなことについて，夫妻それぞれにとって，あるいは世帯にとって最適な，合理的な選択が行われる。単純に専業主婦世帯をモデルにすれば，夫・男性は稼得役割＝お金を，妻・女性は再生産役割＝家族による「愛情あるケア」をそれぞれ担い，二者間あるいは家族内で交換が成立していると考えられる。だが，妻がパート労働の場合，多くの世帯では妻は家計補助という稼得役割も担いながらもっぱらケアを行っており，夫のほうに有利で，女性にとって不平等・不公平な関係になっている。実際，妻たちは過剰なケア役割を担い，二重役割を負担に感じている人ほど心理的健康状態がよくない（たとえば西村 2014）。国際的にみても，日本の妻は家事を自分だけがやっていると感じており，家庭生活の満足度が低い。家事分担が平等な国では，女性の家庭生活の満足度が高い（村田・荒牧 2015）。現状のように家事が分担されない，金銭的な評価も低い状況は，とくに妻にとっての負担が大きく，関係が破綻する契機にもなりうる。夫も本来やるべき量より自分が家事をやっていないという自覚はある（村田・荒牧 2015）。しかし，多く

の夫妻間ではアンバランスな交換が持続している。このアンバランスな交換を支えるのは,「家族をケアすることは愛情の証明であり,それは無償であるからこそ意味がある」という愛情イデオロギーの存在である。

　ドラマの主人公である女性は,社会から見たら専業主婦である自分が,じつは雇用契約によって有償で家事労働をしていることに負い目を感じ,無償で,しかもたいへんな子育てまでもしている専業主婦を尊敬する。たとえ「雇用主」に,ほかに代えがたい有益かつ対価を支払う価値があるサービスの提供に対する正当な報酬であると言われても,家事労働に対価を得ることにどこかで罪悪感がある。そして,その罪悪感の自覚こそが,じつは「雇用主」ではなく恋人として男性のことを意識する根拠にもなっている。なぜなら,親密な人や家族に対するケアは,愛情が動機で行われ,愛情を示す行動としてケアが行われるのであって,それを「お金」で評価したり,労働の対価として報酬が発生したりすれば,自分の行う行為は相手にとって意味ある・代替できない「ケア」ではなく,たんなるサービス労働に「成り下がって」しまう。ドラマ内では,もう一人契約している非同居の独身男性への家事は「少ない食材で複数種類のおかずを作る」というように,効率的で質の高いサービス提供とその対価を得ることに集中できるが,「雇用主」の同居男性への家事は(同居期間の長期化にともない)より相手のことを思い,相手の期待に適切に応じ,相手が喜んでくれることが自分にとって一番の報酬となっていることを主人公の女性は自覚する。「愛情は無償である」「(どんなつらいことでも)無償でも行えるのは愛情があるから」という観念の下では,行為を「お金」で評価することは,「愛情＝無償」の対極にある。そのため同居男性への家事やケアに矛盾を感じるのである。

　一方,親子関係に視点を転じてみると,親子間においては子どもの誕生から大人になるまで,親から子への扶養・養育が行われる。扶養とはおもに経済的な世話をすることだが,未成熟の子どもの扶養は親の義務と法的にも定められている(生活保持義務という。同じ義務は配偶者に対しても

ある）。衣食住をはじめとする基本的な生活費，教育費，さらに小遣いなども含め，子どもが成長するまでにかかる費用は莫大である（くわしくは3節でみていく）。ある芸能人が20歳まで育てた養育費を親から請求され，仕送りのかたちで支払っているという話が議論になったことがあった。日本の大学生は，多くは親（や家族）が学費・生活費を負担し，就職してからでもこれまでの養育費を親に請求される人は多くはない。さらに就職後や結婚後も，親から何らかの援助を受けることも多い。

　親から子への一方的な扶養や援助，つまり子どもから見ると一方的な依存関係は，子どもが自立し，離家や経済的な独立，結婚などを経て，親子が互いに自立した「対等」な時期，中期親子関係に変化すると想定されている。その後は親の加齢にともない，今度は成人子が親を全面的に扶養・介護するというかたちで，親子の扶養―依存関係が逆転すると想定される（藤崎 2000）。ただ，日本では子や配偶者とは異なり，老親の扶養は生活扶助義務であり「余力がある場合」のみ援助すればよいと法で定められている。他方で現在の高齢者は年金制度の充実もあり，成人子からの扶養がなくても経済的に自立できる場合も多い。理念上は，親子関係において「異時点での互酬性」，つまり養育と介護・扶養とで平等な交換（春日井 1997）が成立すると想定されているが，実際は親の援助は子が成人しても継続し，親からの「投資」のほうが多く，親子関係においても不均衡である。

　夫妻と親子は異なるルール下にあるものの，それらの関係の束を「家族」―家計を単位として考えると，また別の側面が見えてくる。「家族」で一緒に暮らす，すなわち，複数の人で暮らすほうが合理的であり（規模の経済性），養育や家事の実際を考えても，物理的な近接性がもたらすメリットだけでなく，心理的な面でも接触が多く，一緒にモノや経験＝暮らしを共有しやすい同居には一定の意義がある＿＿注3。人の一生の中で，稼いで自立できる期間は限定されるし，ケアを必要とする人が身近にいるかぎり，だれかがケアを提供することも必要である。もちろんケアは

市場からサービスとして購入可能であるが，自らの心理的・身体的な安心や安定につながるケア，それこそまさに私たちが「愛情」として想起するものは，「お金」では買えない，そして家族からしか調達できないと考えられている。

3　家族の「お金」を考える

　実際に，家族での「お金」のやりとりを，具体的に考えてみたい。考える手がかりとして，この先，あなたが結婚し，親になり，子どもがあなたの年齢になるまでの約30年間を想像してほしい。私たちの社会では，進学し，就職してから，結婚して親になるといった人生の出来事経験とその順序が規範として存在する。そしてそれぞれの出来事の最適な時期や出来事間の間隔は，社会によって異なる。たとえば結婚という出来事を考えると，結婚することが期待される「適齢期」は，1990年代前半まで，女性のみに存在し，20代中盤がそのタイミングであったが，現在は28歳や30歳，あるいは35歳までにはというかたちで遅れているとともに，その年齢までに結婚しなくてはならないという規範のもつ拘束力は以前より弱まっている。一方で，出来事とそのタイミングに関連する制度や規範，すなわち「人生の時刻表」があるからこそ，長期的な生活の予測を立てることも可能である。出産には生物学的に可能な年齢があり，学校を卒業できる年，退職や年金支給の開始も制度の規定があり，私たちは個々のメンバーの加齢による変化を予測でき（20××年に父親が退職するなど），家族生活におよぼす影響（年金がもらえるまで収入がなくなるなど）を勘案しながら，（今から貯金をしておくなどの対応で）将来の生活を予期していける。

―――――――――――――――――――

注3――ただし，個々の成員が別居していても家族であり，虐待などの例を出すまでもなく，家族が一緒に暮らすことが必ずしも良いとは限らない。

ドラマでは主人公がたんなる同居人ではなく，「未入籍の妻」とし，各種手当をもらって収入を増やすことを計算していたが，「家族」という形態にあてはまるようなライフスタイルが，現代日本社会においては最も「合理的」である。具体的にこれまで政策などで「標準的家族」といわれる夫婦と子ども2人という家族をモデルに，結婚からの30年間のお金の流れを考えてみよう。まず家族≒世帯の収入を見ると，大卒男性が正規就業を継続した場合の生涯賃金は退職金も含めておよそ3億3000万円になる（JILPT「ユースフル労働統計」による。ただし，今後は低下することが予想される）。一方，妻は，久我尚子の試算によると，大卒女性の場合は出産後の働き方によって大きく異なり，2人出産して育児休業を取得しながら正規で継続した場合，生涯賃金は2億3008万円だが，出産後に退職し，ある程度，子どもが大きくなってから非正規で再就職した場合は6147万円と，出産後の働き方とタイミングの違いによっておよそ2億円の年収差が生じる（久我 2016）。もちろん，夫婦ともにフルタイムで働けば保育費やその他の出費も多くなるため，手元では単純に2億円の差にはならないが，世帯の収入という面で大きな差がつくことは確かであろう。日本では夫の年収が多くなるほど妻の就業率が低下する「ダグラス＝有沢の法則」が持続し，夫の年収が高い世帯では妻は専業主婦になりやすいという傾向がある。長期的にみると家計の収入は妻の働き方の影響が大きい。

　しかし，近年では壮年期でも収入の伸びが期待できず，景気動向の変化，さらに稼ぎ手の病気，失業や，離婚も増加傾向にあることから，性別分業体制をとるリスクも高まっている。夫の単独稼ぎ手モデルか，あるいは妻が有職でも家計補助でしかないことは，別の側面からみると家族のケア提供が妻に集中しており，妻によるケアが提供されなくなったときのリスク——たとえば，離婚などで家事を行う人を失うことは，たんに家事サービスを購入して補充すればよいという問題ではなく，他者からの「愛情」にもとづく行為によって自分のアイデンティティが支えら

れている，その基盤を失う——も高まっていることを意味する。

　今度は世帯の支出について見てみよう。総務省統計局の「家計調査」では，世帯の収入・支出などを詳細に捕捉しており，家計の平均像を知ることができる。ひとり暮らし（以下，単身世帯）と，2人以上の世帯のうちで世帯主が勤労者の世帯（以下，勤労者世帯）とで支出額をくらべると，勤労者世帯のほうが住居費とその他の消費支出が低く抑えられる。さらに，支出額を単純に世帯人員平均で割って1人当たりの支出額としてくらべてみると，同年齢層でも単身世帯のほうが食費や住居費，光熱・水道という基礎支出が割高になっている。確かに規模の経済性は存在する。次に勤労者世帯において世帯主の年齢層別の1カ月当たりの支出額を疑似パネルデータと見立て，加齢にともなう変化を見ると，表1に示したように，費目ごとの支出平均額は，年齢層によって異なっている。世帯主が50代では実収入が高いものの消費支出の合計額は高く，黒字率は低くなっており，経済的に苦しいと考えられる。ちょうど子どもが高等教育へ進学する時期，あるいは親への援助や介護なども発生する時期にあたる。表1の数値は1カ月当たりの支出だが，子どもが成長するまでの30年間に換算するために，各年齢層の金額を12カ月分にし，年数5年分で単純に計算して合計額を算出すると1億1300万円強という数字になる。これは必ずしも「夫妻と子2人」という世帯に限定した金額ではなく，あくまでも全世帯の平均なので，個別の世帯の支出の実際はもっと多様なはずだが，一世帯の暮らしにはこれだけのお金が使われていることがわかる。

　一方，月当たりで捉えるような日常的な生活費の支出とは別に，おもなライフイベントにも多くの費用がかかる。おもなイベントの平均支出額をみると，結婚費用約436万円，出産費用約49万円，教育資金約950万円，住宅購入費約3280万円である注4。子どもが2人いたとして，出産費用と教育資金を2倍し，これらのイベントの合計額を計算すると約5700万円になる（あくまでも平均の合計である）。さらに，このような月々の

表1 年齢層別・2人以上の勤労者世帯と単身世帯の月当たりの収支 (2015年)

世帯主年齢	2人以上の勤労者世帯								単身世帯	
	34歳以下	35〜39歳	40〜44歳	45〜49歳	50〜54歳	55〜59歳	60〜64歳	65〜69歳	〜34歳	35〜59歳
世帯人員平均	3.45	3.79	3.77	3.68	3.38	3.16	2.85	2.65	1	1
【金額（円）】										
食料	56,336	68,307	74,222	79,170	79,864	79,714	78,289	75,418	45,552	46,247
住居	32,698	20,665	18,605	15,639	16,158	15,118	19,766	23,002	28,909	28,671
光熱・水道	17,780	20,541	21,914	24,491	25,072	25,058	24,261	23,739	7,080	10,556
家具・家事用品	9,291	10,711	10,863	10,883	10,684	12,508	11,051	13,252	3,122	3,528
被服及び履物	12,726	13,152	14,840	15,407	14,823	14,293	10,950	10,839	11,722	7,135
保健医療	8,458	9,834	10,155	10,774	10,672	12,559	12,476	14,740	3,331	7,282
交通・通信	47,666	48,442	49,665	52,648	56,392	51,856	47,212	45,766	25,603	26,521
教育	9,627	14,662	22,886	33,538	31,166	15,854	3,679	1,084	0	0
教養娯楽	22,223	31,133	34,393	34,869	31,390	28,778	29,280	27,623	20,539	19,364
その他の消費支出	41,400	44,499	50,186	64,763	80,900	84,988	76,639	71,551	22,302	40,228
合計（消費支出）	258,205	281,946	307,729	342,182	357,121	340,726	313,603	307,014	168,160	189,532
実収入	451,852	525,172	564,735	590,904	593,874	586,509	398,904	394,275	303,460	370,174
可処分所得	378,658	432,476	454,442	477,492	474,170	467,822	326,494	334,873	251,439	292,766
可処分所得-消費支出(黒字)	120,453	150,530	146,713	135,310	117,049	127,096	12,891	27,859	83,279	103,234
黒字率	31.8	34.8	32.3	28.3	24.7	27.2	3.9	8.3	33.1	35.3
【消費支出に占める各項目の割合（％）】										
食料	21.8	24.2	24.1	23.1	22.4	23.4	25	24.6	27.1	24.4
住居	12.7	7.3	6.0	4.6	4.5	4.4	6.3	7.5	17.2	15.1
光熱・水道	6.9	7.3	7.1	7.2	7.0	7.4	7.7	7.7	4.2	5.6
家具・家事用品	3.6	3.8	3.5	3.2	3.0	3.7	3.5	4.3	1.9	1.9
被服及び履物	4.9	4.7	4.8	4.5	4.2	4.2	3.5	3.5	7.0	3.8
保健医療	3.3	3.5	3.3	3.1	3.0	3.7	4.0	4.8	2.0	3.8
交通・通信	18.5	17.2	16.1	15.4	15.8	15.2	15.1	14.9	15.2	14
教育	3.7	5.2	7.4	9.8	8.7	4.7	1.2	0.4	0.0	0.0
教養娯楽	8.6	11.0	11.2	10.2	8.8	8.4	9.3	9.0	12.2	10.2
その他の消費支出	16.0	15.8	16.3	18.9	22.7	24.9	24.4	23.3	13.3	21.2

（出典：総務省統計局「家計調査」）

支出やライフイベントとして予定されないその他のさまざまな費用についても考える必要がある。(一部は月当たりの家計費でも計上されるが，まとまった金額として) 自動車や家電の購入，保険，家族旅行やレジャーの費用，冠婚葬祭，中長期的な住宅改修費用など，単発であるいは累積的に大きな金額になることもある。どこまで何を計上しているのか，加齢にともなう変化にどのように対応するのかは不明であるが，ドラマでは生活にかかるお金を具体的に計算して夫妻や家族だから得られる手当も含め「契約結婚」が合理的であるという判断になっている。

「103万円の壁」や「130万円の壁」で知られる配偶者控除などによる税金の減額，児童手当のような現金給付，高額医療費のような還付，教材などの現物での支給，さらには生活保護というかたちで，政府や自治体はさまざまな側面から家計をサポートしているが，全体としては家計の運営は，家族の「自助」にまかされている。現在の生活費というフローだけでなく，土地や家屋，財産といった資産（ストック）やその相続も，家族に起こる大きなお金の問題である。日常生活の，そして長期的な時間を想定して，家族のお金をどのようにマネージするかは，「家族」という共同生活を成功させるうえで重要な課題である。離婚の理由として経済問題は，変わらず上位にある。しかし，日本では夫妻の共有名義での財産形成は事実上できないし，夫妻の協力によって形成された貯蓄や資産も個人名義となるためか，配偶者の収入を知らない・開示しない，またお金の使い道について話し合われていない夫妻が多い（坂口・田中 2015）。「お金」に困っていないから，話し合う必要がないからではなく，夫妻間の経済格差の下，一定額を渡されそれをマネージすることは主婦権として女

注4——インターネット上には，子ども数や希望するライフスタイルに応じて，どの程度のお金が必要か簡単にシミュレーションすることができるホームページがあるので，試算してみるといい。日本FP協会「ライフプラン診断」https://www.jafp.or.jp/know/lifeplan/simulation/，全国銀行協会「自分で描く未来予想図　ライフプランシミュレーション」http://www.zenginkyo.or.jp/special/lps/index.html

性に割りあてられ，それを的確に行えることが愛情の証明となる。だからこそ，夫妻においてお金の話し合いは積極的に行われないため，「契約結婚」において「お金」の協議が前提にあることはビジネスとして非家族的な性格を与えている。

4　家族の変化・社会の変化とこれから

　「契約結婚」という題材をもとに，家族における「お金」と「愛情」，そして実際の家計の状況について見てきた。家計の共同や自分にとって質の高いケアの授受を行う責任は，夫妻，親子といった家族関係を強固にそして安定的につなぎとめると同時に，家族内のメンバーを苦しめている側面がある（信田 2016）。ケアは「愛情の証明」であり，金銭では評価できないという無限定性があり，同時に生活≒ケアするには「お金」が必要であるという構造が，ケアの提供者と受益者の間にアンバランスをもたらしている。

　近年では長寿化が進み，夫妻・親子関係が50年近くにもわたり，家族の時間は長期化している。その分，親子の依存や援助の期間も長期化し，世代間の経済格差が大きいため，「いつまでも援助ばかり」という親も少なくない。また晩婚化・晩産化が進み，結婚や出産のタイミングが遅くなる一方で，個人のライフコースの中でそれらを経験する時期が拡散してきている。40歳で初めて親になる人もいれば，同じ年齢で祖父母になる人もいる。他方，結婚しない人が増え，ひとり暮らしの人も増えている。

　現行の制度・政策の設計は標準的（核）家族をモデルとし，ひとり暮らしは結婚前の過渡期，あるいは死別後の一時期だと想定されてきた（森岡 1993）。しかし，多くの人が家族で暮らすと想定される30〜50歳代においても，近い将来には初婚継続の夫妻と子どもからなる世帯で，単独稼ぎ手の性別分業モデルという人は多数派ではなくなる。現在増加している単身世帯や，（子どもがいても）稼得者が一人ないし不在の世帯は，経済

的にはもちろん，家族内のケアの調達という面でも非常に脆弱である。また，離婚・再婚も増加傾向にあるが，離別は（とくに男性にとっては，市場で入手困難な）「愛情のある」ケアの喪失や不足を生み（稲葉 2002），再婚は（元）夫妻間・親子間でのお金とケアの交換を複雑にしていく。また子どもがいない夫妻が増加し，高齢期のケアの担い手，さらには家や墓を含め「資産」の継承者が不在となっていくことが予想される。「お金とケアの交換」という面から家族を考えると，従来のような安定的な単独稼ぎ手のいる標準家族モデルだけでは立ちゆかなくなるだろう。

　最後に，現実の社会の変化にあうように，制度・政策レベルでの対応と私たち自身の考え方や規範レベルで求められる対応とを区別して考えてみよう。制度・政策レベルでは世帯単位から個人単位化していくとともに，夫妻ともに稼ぎ手とケア役割を担当可能にする仕組み（たとえば長時間労働の抑制や保育の整備など），あるいは「おひとりさま」でも最期まで暮らしていける医療・介護の仕組みづくりが必要となる。どのような家族形態で暮らしても，また家族形態が変化しても不利益が生じない仕組みが求められるだろう。一方，私たち自身の考え方や規範は，いまだに「男性が稼ぎ手であるべき」という観念が強い。男性自身が経済力を結婚の要件として重視しており，（最近では男性に家事・育児を期待する傾向が見られるが）女性が男性に求めるものは人柄の次に経済力である（国立社会保障・人口問題研究所 2016）。また「子どもが3歳になるまでは母親が育てるべき」という3歳児神話も根強い。3歳児神話には科学的根拠がないことが証明されているにもかかわらず，いまだに母親の単独保育が一番の「愛情」であるという考え方は支持され，性別分業役割を維持・補強している。もちろん夫妻間で性別分業的な分担を選好する人もいるし，ライフステージや世帯の状況によってはそれが「合理的」なこともあるが，それは夫妻関係，あるいは世帯のあり方の選択肢の1つでしかない。

　家族の変化にともなって，家族はより少人数となり，個人化していくとき，「個計化」が進み，さまざまなリスクにさらされる脆弱な家計が増

えていく。他方で，祖父母から孫への教育資金の贈与を一定額まで非課税にする政策が施行されたように，夫妻や親子間の連帯を強め，多世代や複数の家族で共有可能な「大きなサイフ」を強化する傾向も見られる。また家族間のケア負担とそのタイミングは，個人のさまざまなライフチャンスや（生涯）賃金に大きな差を生むだけでなく，家族成員間での不平等・不公平を生成する。家族という関係にケアや愛情がもっぱら期待される社会では，同時に家族の愛情の価値を相対化したり，ケア負担の不平等を（異時点・異種類であっても）解消していくための方法を考えていくことが重要であろう。

参考文献

藤崎宏子編，2000，『親と子――交錯するライフコース』ミネルヴァ書房．
春日井典子，1997，『ライフコースと親子関係』行路社．
国立社会保障・人口問題研究所，2016，「第15回出生動向基本調査（結婚と出産に関する全国調査）」(2017年2月10日取得：http://www.ipss.go.jp/ps-doukou/j/doukou15/NFS15_gaiyou2.pdf)
久保田裕之，2009，『他人と暮らす若者たち』集英社新書．
久我尚子，2016，「大学卒女性の働き方別生涯所得の推計」ニッセイ基礎研究所『ニッセイ基礎研レポート』2016-11-16．
稲葉昭英，2002，「結婚とディストレス」『社会学評論』53 (2): 214-229．
森岡清美，1993，『現代家族変動論』ミネルヴァ書房．
村田ひろ子・荒牧央，2015，「家庭生活の満足度は，家事の分担次第？―ISSP国際比較調査「家庭と男女の役割」から」『放送研究と調査』12月号: 8-20．
内閣府経済社会総合研究所国民経済計算部，2013，『家事活動等の評価について』．
西村純子，2014，『子育てと仕事の社会学――女性の働き方は変わったか』弘文堂．
信田さよ子，2016，『家族のゆくえは金しだい』春秋社．
坂口尚文・田中慶子，2015，「『共働き夫婦の家計と意識に関する調査』について」『季刊家計経済研究』106: 2-17．

結婚差別問題と家族

齋藤直子
Saito Naoko

1 結婚における親の影響

1.1 物語における結婚と親

　映画や小説，漫画の中で，恋愛や結婚あるいは将来の夢を叶えようと主人公が奮闘するとき，たいていの場合，その邪魔をする者が現れる。夢の障壁の役目は，しばしば親に割りあてられる。親の押しつける価値基準は，いわば「世間の常識」でもあり，彼らはその体現者として描かれる。物語は，主人公らが障壁を乗り越える過程として描かれる。

　たとえば，ディズニー映画の「アラジン」は，王女ジャスミンと"こそ泥"のアラジンが出会い，結婚する物語である。国王は，娘のジャスミンに，法律が定める年齢までに他国の王子の中から結婚相手を選び，早く結婚してほしいと求める。国王として，政略結婚や法の遵守を求めているのではなく，将来自分が死んだときに，かわりに彼女を「守ってくれる」夫を見つけてほしいという親心から言っているのだと，娘を説得する。

　ジャスミンは，夫を王子のリストから「選ぶ」ことに嫌悪感があり，求婚者たちを追い返す。また，自分は王子たちに選ばれる「戦利品」ではないと叫ぶ。彼女は，本当に好きになった人と結婚したいだけだという。

　結婚相手選びの期限が迫ったある日，彼女は王宮を逃げ出し，街で出

会った"こそ泥"のアラジンに好意を抱く。しかし，彼女は王宮に連れ戻され，アラジンは王女誘拐犯として，死刑を宣告される。逃げ出したアラジンは，魔法の力で王子に変身して，再びジャスミンの前に現れるが，自分が"こそ泥"のアラジンであることを告げることができない。身分が違えば，結婚できないからだ。身分を偽りつづけるか，ありのままの自分を見せるか，アラジンは悩みつづける。

　私たちは，なぜ，このようなストーリーに感動することができるのだろうか。身分が違ったり親が納得しなければ結婚が難しいこと，お金や地位よりも「本当の愛」のほうが価値が高いこと，そして性・愛・結婚が結びつく近代的なロマンティックラブイデオロギーを内面化していなければ，このストーリーにハラハラし，結末に喜ぶことはできないはずである。

　本章では，結婚差別と呼ばれる問題を通じて，家族のあり方，とりわけ結婚における親の子に対する影響力について考える。

1.2　親の介入と法

　では，物語の世界から外に出て，現実の結婚について考えてみよう。まず，現実の結婚において，親の影響力はどれぐらい強いのか考えてみよう。

　明治民法では，戸主の権利が非常に大きく，家族成員の婚姻や離婚は戸主の意向に左右された。たとえば，戸主である父親が，家のつりあいを勘案して，息子の結婚相手を決めたり，娘の望む相手との結婚に反対したりすることが可能であった。

　今日の憲法では，第24条第1項で「婚姻は，両性の合意のみに基いて成立」することが明記されている。また，第2項では，「配偶者の選択，財産権，相続，居住の選定，離婚並びに婚姻及び家族に関するその他の事項」に関する法律は，個人の尊厳と両性の本質的平等に立脚したものでなければならないと述べている。

つまり，法律上は，結婚は親や親族の同意は必要ない___注1。しかし実際のところ，結婚における親の影響力は小さくない。法的に制約はなくても，結婚の際，子は親に許可や祝福を求めたり，相手の親に挨拶に出向いたり，「両家」での結納や顔合わせの食事会を行うなど，親の容認や家同士のつながりを確認するための儀礼が慣習として行われている。

　「〇〇家・△△家　結婚式」といった家同士の結びつきを強調するものは廃れ，「〇〇さん&△△くん　wedding ceremony」のような個人を主体とした表現も増え，イエ制度的な考え方は時代とともに減じてきたといわれる。一方で，結婚式の終盤に，新婦が親に宛てた感謝の手紙を朗読するといった，親子の結びつきを強調するようなイベントが新たに出現してきた。

　結婚式のイベントから親の影響力を測ることはできないかもしれないが，親への感謝が不可欠な演出は，何らかの理由で親が参列していない場合，親の不在をことさらに強調することになる。そこでは，親の容認しない結婚は「ありえない」ことになる。それだけでなく，親が離婚していることや本人が婚外子であるなどの家族に関する情報を，本人が望んでいなかったとしても目立たせてしまう。

1.3　なおも強い親の影響

　各種の統計からも，結婚における親の影響力を確認することができる。「第15回出生動向基本調査（結婚と出産に関する全国調査）」では，18歳から34歳までの独身者に対して，結婚しない／できない理由について質問している。回答は複数回答で，若い年齢層（18-24歳）では，「（結婚するには）まだ若過ぎる」「必要性を感じない」「仕事（学業）に打ち込みたい」など，"結婚しない理由"への回答が高い。そして，25-34歳の年齢層では「適当な相手にめぐり会わない」，男性に限ると「結婚資金が足りない」など，

注1——ただし，未成年の子の婚姻については，少なくとも一方の父母の同意が必要である。

"結婚できない理由"への回答が，若い世代にくらべて高くなる。

　EASS（東アジア社会調査）のデータを用いた筒井淳也の研究では，既婚者に対して，結婚において親の影響があったかどうかを分析している（筒井 2016）。分析では，現在の配偶者とどのように出会ったのかという質問と，結婚を決める際に親の影響があったかどうかという２つの質問を組み合わせて，配偶者選択を４つのパターンに分類している。親が相手を選び，かつ結婚も親が決めたものを「伝統的アレンジ婚」とし，出会いに親が関わらず，結婚の決定も自分で行ったものを「近代的な恋愛婚」と呼んでいる。その間にあるのが，「出会いは当人たちが自発的に経験したが，親の合意が必要（親の影響あり）」と，「出会いは親がセッティングするが，決めるのは当人たち（親が紹介）」である。この調査で一番年齢の若い層である1970年代生まれでは，8割近くが「近代的な恋愛婚」であるが，「親の影響あり」18.1％，「親が紹介」2.3％，「伝統的アレンジ婚」1.1％を合わせると，何らかのかたちで親の介入があった人は2割にのぼる。

　これら2つのデータから，親の影響は決して少なくないことがわかる。しかし，これは親が一方的に子を従わせていることの証左であるとは限らない。子の側からも，親に祝福されるような結婚を望んだり，最適な配偶者を選ぶために親の判断を仰ぐという場合もあるだろう。家族社会学的に「イエ」概念の再検討を行った米村千代は，現代においても家の継承に悩む人が存在するが，その人びとはイエ制度の重圧に悩んでいるというよりは，親や祖父母に対する愛情のためである場合が少なくないと指摘する（米村 2014）。「イエ」と近代家族は対立するものとして描かれることが多いが，じつのところ，家の継承と近代家族意識は相互補完的になる場合もあるという。

2　結婚差別問題

2.1　部落出身者への結婚差別

　次に，「アラジン」の物語でいうところの，王女と"こそ泥"の身分違いの結婚，つまり社会的な地位などの格差による結婚の問題について考えてみよう。

　日本の近世においては，身分は制度として存在した。明治以降，近代的な再編を受けて，皇族や華族を除いて，一般の人びととの制度上の身分的な差別はなくなった。戦後には，憲法14条に明記されているとおり，すべての国民は法の下の平等とされた。

　しかし現在でも，結婚のときに，家柄（家格）を気にする人がいる。家柄とは，歴史の古さ，近世における身分の高さ，財力，政治的威信など，家の来歴にもとづく評価である。近世の身分を誇る場合もあれば，村長や議員を輩出するなど，近代以降の社会的地位の高さに由来する場合もある（比較家族史学会編 1996）。家柄の格差について「身分が違う」と表現する場合がある。身分と家柄には，一定の関連があると考えられているからだろう。

　そして現代でも，このような家柄あるいは身分を理由として，結婚が破談に追いやられることがある。たとえば，近世の賤民（被差別）身分にルーツがあると"見なされた"人びととの結婚を避けるケースがある。これを，部落出身者への結婚差別と呼んでいる。行政の調査などでは，部落出身者という言葉のかわりに，同和地区出身者という語が使われる。両者は完全に重なるわけではないが，日常的にはほぼ同じ意味として使われることが多い。

　では，現在，家柄や身分にこだわりのある人は，どれぐらいいるのだろうか。1つの例を挙げてみよう。2015年に大阪府が府民を対象に行った人権意識調査では，結婚において重視する（した）事柄について質問して

いる。選択肢は，15項目にわたっており（○はいくつでも可），「人柄や性格」が最も高く93.6％，ついで「仕事に対する理解と協力」44.3％，「家事や育児に対する理解と協力」40.7％，「経済力」38.9％，「職業」20.0％と続く。人権意識の尺度というよりは，結婚の条件としてしばしば挙げられるような，一般的な項目への回答の割合が高い。その後，人権問題に関わりそうな項目が続き，「離婚歴」14.6％，「相手やその家族の宗教」14.1％，「国籍・民族」13.0％が続く。家柄や部落問題に関する項目では，「家柄」8.9％，「本籍地・出生地」6.5％であった（大阪府 2016）。「本籍地・出生地」は，5年前の前回調査では「同和地区出身者かどうか」とされていた項目で，前回調査では「家柄」13.8％，「同和地区出身者かどうか」20.6％であった。

部落出身者への結婚差別の事例を1つ挙げておこう（齋藤 2013）注2。九州に住む30代の男性であるAさんに，2011年に聞き取り調査を行った事例である。Aさんは部落出身で，そのことが理由で交際相手の親から結婚に反対された。彼女との出会いは，被差別部落内にあるコミュニティー・センターで，2人はそこの同僚だった。

> 彼女の方が両親に「こうやって結婚したい人がいる」，「どこの人ね？」，「○の人，部落の人」って言ったら「絶対だめ」って。「なんで，そげん好きこのんで部落の人と結婚せないかんと？」みたいな感じで。で，僕に伝えるの，たぶんとってもきつかったと思うんですよね。「こんな風に言われた」って。でも伝えてくれて。／僕は「まぁ，それあるやろな」と思ってたんで，ショックやったけども，そのショックは表に出さないように，極力冷静な感じでしてたけども，やっぱり妻の方はきつかったと思い

注2──2010年から2011年にかけて行った「全国部落青年の雇用・生活実態調査」の聞き取りデータである。この調査では，43人の青年に聞き取りしている。また，聞き取りに先立ってアンケート調査も行われている。調査全体の報告は，『部落解放研究』196号および198号で特集が組まれている。

ますね。

　彼女は，何度も親を説得し，Aさんに一度「『会って』って言っても，『いや会わない』っていうところで全然，完全に拒否」された。それでも，彼女は説得を諦めなかった。

> 最終的には妻がずっと話をしていて，妻の両親の方も「あんたが好きになった人ならいいんじゃない？」みたいなところで，最後は納得してもらえたみたいですけど。／（もっとも反対していた）祖母の方も「あんたが幸せになるとならいいよ」みたいなこで納得はしてもらったみたいです。それ以外の親戚とかにはたぶん伝えてないんじゃないかなと思いますね。

　結婚した後は，「結婚差別のときのことが嘘みたいなかんじで（笑），普通にいってますし，両親とも話しますし，祖母とも話します」と，良好な家族関係を続けている。
　この例のように，部落出身者への結婚差別問題が生じても，必ずしも結婚ができないわけではない。近年は，親に結婚を反対されたけれども，カップルが親を説得するなどして，結果的に結婚に至る場合が多い（齋藤2016）。

2.2　身元調べとは
　ところで，家柄や身分を気にする人は，どのようにして相手のそれを知ったり，その"よさ"について判断を下すことができるのだろうか。
　たとえば，すでに家柄のよさが多くの人に認知されていて，わざわざ調べたり判断したりする必要のない場合がある。いわゆる，名家という存在である。そのような一般的に流布された情報がない場合，直接的あるいは間接的に，結婚相手の家柄を調べることになる。

1つの例として，釣書（つりがき・つりしょ）とか身上書と呼ばれる家族のプロフィールを，直接，結婚相手に求めて，身元を確認する方法がある。釣書に記載される情報は，本人の現住所と本籍地，学歴，勤務先，身体的事項（身長，体重，既往症），家族の名前と学歴，勤務先などである（部落解放・人権研究所編 2001）。

　また，本人に無断で，身元調べ（身元調査）を行う人もいる。親戚や知人などに依頼して，相手の評判などを調べてもらうこともあれば，興信所や探偵社などの業者に依頼することもある。交際するふたりが結婚を決意した段階で，家族が身元調べを依頼することが多い。そして，子の交際相手が部落出身であるとわかった場合に，結婚差別問題が生じる。

　2011年には，探偵社によって違法な身元調べが大量に行われていたことが明らかになった。戸籍は，弁護士などの業務を除いて，原則として本人しか請求することができない。この事件では，司法書士らが，請求書類を偽造するなどして，1万件におよぶ不正請求を行っていた。不正に取得された戸籍謄本等のうち，約半分が部落出身者の身元調べに利用されていた（片岡 2013）。

　このような不正な身元調べが仕事として成り立っている背景には，結婚相手の情報を本人の了承なく調べようとする人が一定の割合で存在しているという事実がある。なお，このような戸籍の不正取得を防止するために，全国の自治体では，第三者が戸籍を取得したことを知らせる登録型の本人通知制度が広がっている。

　また，戸籍の不正な調査からは，「帰化」（日本国籍の取得）や，親や本人の離婚歴，非嫡出子かどうかなどもわかり，部落出身者だけでなく，それ以外の事項についての身元調べにも利用されることがある。

　ところで，恋人が部落出身者であることがわかるきっかけは，身元調べ以外にもさまざまなケースがある。本人が出身を"打ち明け"る場合もある。「彼女の住んでいるところは部落だよ」と第三者が教えることもあるだろう。

近年の問題としては，インターネットで住所を検索し，それが実質的に身元調べになってしまっていることが挙げられる。業者等に金銭を支払って依頼する身元調べとは異なり，気軽にできてしまうため，相手の身元を調べているという認識がないまま，行われている可能性がある。ふとしたきっかけで恋人の出身を知ったとき，その人が部落差別を容認しているなら，恋人と別れることを考えてしまうかもしれない。

　結婚が決まりかけた段階で身元調べが行われ，結婚への手続きが急に進まなくなった場合，部落出身者の側は「身元を調べられたのだろう。これは結婚差別ではないか」とすぐに気がつくだろう。しかし，気軽にインターネット検索をして相手が部落出身であると知り，いずれ親に反対されるだろうから部落出身者を避けようと思って，相手から少しずつ距離をとって交際を解消した場合はどうだろうか。交際を解消することは，いわば「よくあること」なので，恋人が離れていった理由が，たんなる心変わりなのか部落差別によるものなのかを外的に判断することは難しい。

　インターネットを使った身元調べや，つきあったり別れたりが比較的自由にできるような恋愛のあり方など，さまざまな要因が複合して，現代に特徴的な結婚差別のかたちが生じる（齋藤 2016）。

　1つ実例をみてみよう。部落出身の20代男性Bさんは，出身を打ち明けたところ，恋人が少しずつ距離をとりはじめ，交際が自然消滅した経験をもっている。Bさんは，結婚を意識するよりも前の段階で，部落差別であると直感的にわかるけれども確証のないものを「恋愛差別」と名づけている。

　　恋愛差別があったんですよ，正直。／まあこの仕事（部落解放運動の府県連の専従職員）ついて，「どういう仕事してんの？」って言われた時に，隠すのもおかしいし。自分がやってることがなんかおかしなこととも思ってないんで，普通にそういうこと伝

えてたら,やっぱりなんか徐々に違和感があるというか。たぶんその子はその同推校（同和教育推進校の出身—筆者注）とかでもなかったと思うんで,最初言ったときは,もう「ぽかん」ってかんじやって。なんか聞いたことあるみたいな。「あ,そうなんや」ぐらいやったんですけど,たぶんまあ「親には会われへん」っていうことになって。たぶん親からも言われてたんやろうとも思うんですけど,それでちょっと会われへんとか,なかなか変な空気なって。けど,そんなんって,何ていうんですか,証拠がないというか確証がないから。しかも,もう付き合ってる状態やし,結婚とかも別にその時は考えてなかったんで,まあ一個の恋愛の中でそういう差別があった。まあ自分ではねえ,（出身を）言ってからいきなりそんなんなってるから,もう確実やろなあっていうのはあるんですけど。(齋藤2016)

2.3　親の反対と部落差別

　それでは,この章で見てきた部落出身者への結婚差別と,第1節で述べた結婚における親の影響力が結びついたとき,どうなるのか考えてみよう。

　部落差別が,最も根強く残り,また表面化しやすい場面は,結婚であるといわれている。そのため,全国の自治体が行う人権意識調査では,部落出身者との結婚を,市民の差別意識の指標とすることが多い。

　長年,多くの自治体で採用されてきた典型的な質問がある。結婚の際に,相手が同和地区出身だとわかった場合にどのように振る舞うかという質問である。回答者には,自分が結婚する場合と,自分の子が結婚する場合の2つのケースについて考えてもらうことが多い。

　たとえば,東京都が2013年に行った「人権に関する世論調査」では,「かりに,あなたのお子さんの結婚しようとする相手が,同和地区出身者であることがわかった場合,あなたはどうしますか」（子どもの場合）と,「か

りに，あなたが同和地区の人と結婚しようとしたとき，親や親戚から強い反対を受けたら，あなたはどうしますか」（本人の場合）という2つの質問が出された。

子どもの場合では，「子供の意志を尊重する。親が口出しすべきことではない」47％，「親としては反対するが，子供の意志が強ければしかたない」19％，「家族の者や親戚の反対があれば，結婚を認めない」3％，「絶対に結婚を認めない」4％，「わからない」27％であった。

本人の場合，「自分の意志を貫いて結婚する」26％，「親の説得に全力を傾けたのちに，自分の意志を貫いて結婚する」30％，「家族の者や親戚の反対があれば，結婚しない」11％，「絶対に結婚しない」5％，「わからない」28％であった（東京都生活文化局広報広聴部 2014）。近年，このような態度を問う質問で，「わからない」や無回答など，態度をはっきりさせない回答者の割合の増加が目立つといわれており，この調査でも「わからない」の割合が高く，態度が不明な人は4人に1人にのぼる（阿久澤 2016）。

その点を踏まえたうえで，親の立場で（「家族の者や親戚の反対があれば」と「絶対」をあわせて）「結婚を認めない」は7％，本人の立場で（「家族の者や親戚の反対があれば」と「絶対に」をあわせて）「結婚しない」は16％であった。

本人の立場の回答からは，結婚相手が同和地区出身者であったとき，親や親戚が反対するなら自分から諦めようとする人が一定の割合で存在することがわかる。

なお，14年前の1999年の調査と経年比較すると，「子の場合」について（1999年調査は既婚者のみに質問しているため，既婚者のみの数字を比較している），「子供の意志を尊重する。親が口出しすべきことではない」が，53.9％から45.3％に減少し，反対に「絶対に結婚を認めない」が2.0％から3.1％になっている。

「本人の場合」についても（1999年調査は未婚者のみに質問しているため，14年調査の未婚者と比較している），親に反対されたときに「絶対に結婚しない」が0.9％から6.3％に増加している。経年比較のデータからは，部落

出身者への結婚差別問題における親の影響力は変わっていないか，悪くなっている可能性も見てとることができる。しばしば，「差別は昔のこと」「もう，部落差別などない」という言葉を耳にするが，必ずしもそうとは言えない状況があるのだ。

3　家族主義と結婚差別

3.1　親の愛情と子の自立

　これまで述べてきたように，配偶者選択における親の影響は小さくない。結婚は両性の合意のみにもとづくはずであるが，子の結婚相手の家柄などが気にいらず，親が結婚に反対することがある。

　法の理念に沿えば，子が熟考した末に結婚を決断したのであれば，親は子の判断を尊重するしかない。そのような場合であっても，親が自分の意見を述べる自由はあるし，子のためにさまざまな情報を伝えることを妨げるものでもないが，最終的な決定は子に委ねられるはずである。

　だが実際には，結婚は家族の意向も重要だと考える人も少なくないのではないだろうか。子は親にくらべて人生の経験が少ないだろうし，家族や結婚などに関する「世間的な」情報が不十分かもしれない。不合理な選択をすることもあるだろうし，それにともなって不利な結果に陥ることもあるかもしれない。たとえそうであっても，親は子の選択に強く反対して自分たちの意見を受け入れさせようとするのではなく，子が周囲の意見にも耳を傾けたうえで熟考し判断することを，促したり見守る選択をすることも可能である。

　もし子が，親の反対が強いために，意に反して結婚を諦めたとしよう。子は，自らの選択を諦めたことと，交際相手の尊厳を傷つけたことに，罪悪感や挫折感などを感じるかもしれない。そのことが，その後の家族形成や親子関係にマイナスの影響を与えることもあるかもしれない。

　「親ごころ」や「子どもの幸せのため」に，子どもの結婚にあえて口を

出すのだという言い方がある。しかし，そこには"失敗"も含めて子どもの自立である，という視点が欠けているのではないか。

3.2 家族主義を超えて

結婚に関する法律はイエ制度的なものから個人主義的なものになった。また，近代化にともなって雇用労働が増加したことで，家産や家業を継がなくても経済的に自立できるようになり，「イエ」のもつ経済的な影響力も減少した。このように戦後，法律や社会構造の変化によって，「イエ」や家族の影響力は相対的に弱まったはずである。にもかかわらず，結婚における親や家族の影響力はなぜ維持されているのだろうか。

その背景の1つに，家族主義的な政策があると思われる。ケアやセイフティネットに関わる機能の大きな部分が家族に委ねられ社会化していないことが，親や家族の影響力の維持や強化につながっている可能性もある。もし，子育てや介護などのケアが必要になったとき，ケアを頼る場所が家族以外になければ，親は子を手放すわけにはいかないだろうし，子も親からの自立を躊躇してしまうだろう。

さらに経済的不況は，親の影響力を強化する。米村は，親子関係と自立に関する研究の中で，現在の若者が置かれている不利な就職状況は，親にとっては子どもを親元に引き止めておく「口実」になるという。「現在の若者を取り巻く社会状況と親の子を思う愛情は共犯関係にあり，親から『自立』したいと思ったとしてもその出口を見つけることは容易ではない」というように，不況は子どもの自立を阻害する（米村 2008）。

このように，家族主義的な政策と経済的な不況の中，愛情という名のもとに，子は親から自立できない構造ができあがっている。そのような状況において，親の意に沿わない結婚に，子が躊躇をおぼえてしまうことはありうる。

さらに家族主義は，より直接的に社会的マイノリティの排除に加担する可能性がある。家族が最大のセイフティネットになっている社会で

は，さまざまな生活上の負担が生じたとき，その対処を家族に頼るしかないので，家族を形成するとき，安定した家族となる見込みがあるかどうかが重視される。離婚や家族の不仲は大きなリスクとなるため，安定的な家族となる見込みが低い場合，結婚に踏み出すには勇気がいる。そのような条件のもとでは，社会的マイノリティとの結婚は，家族を不安定化させる要因であるとして忌避される可能性がある。たとえば，マイノリティと結婚することで家族全員がマイノリティだと見なされるおそれがあるだろう。生まれてくる子が差別を受けるかもしれない。差別によって，経済的な不利益をこうむるかもしれない。そして，家庭内での差別発言など，家族関係の不和を直接的に生じさせる懸念もある。

　結婚で絶対に失敗できないという信念をもっていれば，不安定要因を極力避けるようになるだろう。すると，社会的マイノリティとの結婚も，取り除くべきリスクとなってしまう。そこで，結婚差別が生じる可能性が高まる。

　社会的マイノリティが家族成員に加わることで，実際に差別を受けるのか，経済的不利を受けるのか，あるいは家族が不和になるかどうかは，わからない。あくまで可能性にすぎない。また，そもそもマイノリティの側に非がないにもかかわらず，排除が生じることは問題であると言わざるをえない。

　筒井は，家族主義からの離脱は，逆説的に家族形成を促すと述べているが，さらにいえば，マイノリティとの家族形成もまた促される可能性がある（筒井 2016）。つまり，結婚差別問題の解決には，差別問題の解消と，家族主義の再考が，いずれも不可欠なのである。

　本章では，結婚差別問題を通じて，日本の家族の問題を浮かび上がらせてきた。「結婚相手に望む条件」「理想の結婚相手」などは，友人同士の気軽な会話や，雑誌の特集などで，身近に触れる事柄である。そのようなテーマに触れるとき，ある条件への選好が，何らかの排除や忌避につながっていないか，考えてみることも大切である。また，親が反対しそ

うな条件の持ち主をあらかじめ候補から排除するなど，自らの選好に親の影響がすでに織り込まれていないか考えてみてほしい。

参考文献

阿久澤麻理子, 2016,「法期限後の部落問題に対する市民意識」『部落解放』727：88-103.
部落解放・人権研究所編, 2001,『部落問題・人権辞典』部落解放・人権研究所.
片岡明幸, 2013,「身元調査を必要としない社会を——戸籍等個人情報大量不正取得事件の実態と今後の課題」『部落解放』682：4-23.
国立社会保障・人口問題研究所, 2012,「なぜ結婚しないのか？」『平成22年　第14回出生動向基本調査第Ⅱ報告書』国立社会保障・人口問題研究所, 52-57.
国立社会保障・人口問題研究所, 2016,『第15回出生動向基本調査結果の概要』国立社会保障・人口問題研究所.
大阪府, 2016,「第5章　具体的な事象における人権意識の状況」『人権問題に関する府民意識調査報告書』
大阪府ホームページ,「本人通知制度」(2017年2月7日取得：http://www.pref.osaka.lg.jp/shichoson/jukiseidohonnintuti.html).
齋藤直子, 2013,「部落青年の結婚問題」『部落解放研究』198：89-104.
―――, 2016,「部落青年と恋愛・結婚——「未婚化社会」における「結婚差別」」『家族研究年報』41：5-20.
東京都生活文化局広報広聴部, 2014,「人権に関する世論調査」.
筒井淳也, 2016,『結婚と家族のこれから』光文社新書.
米村千代, 2008,「ポスト青年期の親子関係意識」『人文研究』千葉大学人文学部, 37: 127-150.
―――, 2014,『「家」を読む』弘文堂.

11 セクシュアル・マイノリティにとっての子育て

三部倫子
Sambe Michiko

1 マイノリティの視点から捉え返す

　本章の学習のねらいは，マイノリティとされる人びとの視点を用いて，私たちが当たり前とする家族と社会の有様を浮かび上がらせることにある。

　ここ数年，「LGBT」という言葉を耳にする機会がずいぶんと増えた。読者の中にはこの言葉が何を意味するかすでに知っている人もいるかもしれない。LGBTとは，Lesbian, Gay, Bisexual, Transgenderそれぞれの頭文字をとったもので，セクシュアル・マイノリティの総称としても使われている。LGBまでとTは少し分類方法が異なっている。前者はだれに対して恋愛感情や性的な欲望を抱くのか（性的指向），後者は自分の性別をどうとらえるのか（性自認）が分類の軸となっている。レズビアンは女性として女性が好きな人，ゲイは男性として男性が好きな人，トランスジェンダーは生まれたときに割り当てられた性別と自分が認識する性別（性自認）の間にズレがあり（性別違和），性自認にあわせて日常生活を送る人のことである。ちなみに，性別違和のない人をシスジェンダーと呼ぶ。今日の日本社会においてマジョリティであり「普通」とされがちなのが，シスジェンダーで異性の好きな異性愛者（ヘテロセクシュアル）である。

LGBTがセクシュアル・マイノリティとされるのは，社会の制度や規範がシスジェンダーの異性愛者を想定してつくられているからである。言い換えれば，少数派に属すことが人びとに生きづらさをもたらすのではなく，性的指向，性自認が人の数ほどあるという性の多様性を想定しない社会の側にかれらの生きづらさの源があるといえるのだ。

　近代家族の概念も，シスジェンダーの異性愛夫婦が核となっている。結婚した夫婦とその子どもという世帯構成は，すでに多数派ではないにもかかわらず，近代家族が私たちの「普通の家族」イメージを強く規定する。男性1人と女性1人が子どもを連れて歩いていると，私たちはそれを「家族連れ」と表現したりする（田渕 2009）。なぜそれが家族なのか，問われることはない。「家族はこうあるべき」あるいは「家族はこうあるはずだ」という思い込みは，本来，多様な家族を生きる人たちを不可視化したり，逸脱視したりすることにもつながってしまう。本章は子育て中のセクシュアル・マイノリティを事例に，かれらが日本社会で置かれている状況に加え，日本社会の子育てにまつわる規範を明らかにし，子育ての社会化に今後求められる視点について考察する。

2　セクシュアル・マイノリティとしての子育て

2.1　調査の概要

　本節では，関東在住のシスジェンダーでレズビアンのさつきさん（仮名，30代後半，短大卒，専業主婦）と，MtF（Male to Female；男性から女性への）トランスジェンダーのやよいさん（仮名，40代前半，大学卒，会社員）の事例を取り上げる。2人は女性として認識し合っているカップルで，家庭内では互いを女性名で呼び合っている。後述するが，戸籍上の「男性」と「女性」として婚姻関係を結んでいる。2人の子ども（幼児）からはさつきさんが「ママ」，やよいさんが「パパ」と呼ばれている。

　子育てするLGBTの自助グループCを介して，2人に調査を依頼した。

事前に子どもを迎えるまでのライフヒストリーをメールで確認して質問項目を作成し，2人の自宅にて1人ずつ交代でインタビューを実施した。同意を得て録音し，後日逐語録を起こしている。

以下より事例を追いながら，セクシュアル・マイノリティが経験する子育ての喜びや苦労が，私たちが生きる社会の制度や規範と地続きであることを示していく。メールからの引用は〈　〉，インタビューからの引用は「　」とし，インタビューの長い引用は，段落を下げて表示する。Qは調査者である筆者を指す。

2.2　レズビアンであるさつきさんのライフヒストリー

それでは，さつきさんのインタビューをもとに，①やよいさんとの出逢い，②妊娠・出産による環境の変化，③育児ストレス解消を阻むカミングアウトのジレンマ，④今後彼女が望んでいる生活，の順に紹介する。

①トランスジェンダーの「彼女」との出逢い

インターネットでゲイとレズビアンによる「友情結婚」（ゲイ・バイセクシュアル男性とレズビアン・バイセクシュアル女性などの間で，恋愛感情はないが結婚後のさまざまな利益を享受するために結ばれる結婚），海外精子バンクを利用して子どもを出産した例に触れたさつきさん（当時30歳目前）は，レズビアンとして生きながら「子どもをもてる可能性」を人生の視野に入れはじめる。ただ，当時つきあっていたシスジェンダーの女性からは「世間体」を理由に反対されていた。

セクシュアル・マイノリティのためにボランティア活動をするようになったさつきさんは，現在のMtFトランスジェンダーの「彼女」であるやよいさんと知り合う。女装しているやよいさんの〈仕草や話し方〉に女性らしさを感じ，彼女を〈初めから女性として認識して接し〉ていたさつきさんは，やがてやよいさんと恋人関係になる。ホルモン療法や性別適合手術 注1 をしておらず，身体が男性のやよいさんとの性交渉に当初とまどいのあったさつきさんだったが，〈彼女も気を使ってくれて〉恋人

としてのコミュニケーションがとれるようになっていった。

②「あなたの子どもが欲しい」：妊娠・出産を経て専業主婦の生活へ

「『うちにはママが2人いるんだ』って言ってもらいたい」「パパだけどママなの」とさりげなく言うやよいさんを見て，さつきさんはパートナーも子どもが欲しいのだとそれとなく感じ取るようになる。ボランティア活動で体調を崩していたさつきさんは，かねてから子どもが欲しいと願っていたこともあり，子どもをつくりたいと主治医に相談する。そして，やよいさんに〈「あなたの子どもが欲しいので薬を減らしている」とストレートに〉伝えた。さつきさんの排卵にあわせた計画的な性交渉で子どもを妊娠し，やよいさんと共同生活をスタートさせる。そして，戸籍上は「女性」（さつきさん）と「男性」（やよいさん）の夫婦として，翌月に婚姻届を出し，結婚後の姓をやよいさんのほうに統一する。「せっかく一緒に住むんだし，子どもの社会的地位の確立と安定のために，結婚を」というやよいさんの意向に沿い，さつきさんは結婚を承諾している。筆者から姓の変更について聞かれたさつきさんは，このように答えている。

Q：それは，話し合って決めた感じですか。
さつき：そうです，話し合ってっていうか，もう，そんな感じ，（そんな）もんだろうっていうことで。けっこう，向こうの，やっぱり，やよいのほうの親の過干渉もずっとあるので。

やよいさんは子どもの頃より母親からの過干渉に悩まされており，成人した現在も両親との家族ぐるみの交流は避けている。実家からの影響

注1——治療のガイドラインによれば，精神療法によっても性別違和感が解消されない場合，望む性のホルモンを処方する（ホルモン療法）。両性ホルモンに共通する副作用として，逆の性のホルモンを大量に投与するため，精神状態が不安定になったり，鬱病を抱える可能性もあるとされる。ホルモン療法によっても性別違和感が解消しない段階で，「望む性でも今後生活ができる」という主治医の判断があってはじめて性別適合手術が行われる（石田 2008）。最新版ガイドラインは日本精神神経学会・性同一性障害に関する委員会（2012）参照。

を避けるためにも，結婚によって親子関係に区切りをつけようとしたことがうかがえる。

　結婚のさまざまな利点を見込んだ2人だったが，居住地域の待機児童の多さがさつきさんを悩ませることになった。さつきさんは職場の育児休暇を最大限延ばしたものの，預け先が見つからず退職せざるをえなくなる。こうした経緯からパートナーと家計が別々だったさつきさんは，やよいさんの被扶養者となり，2人の世帯は対外的に見れば性別役割分業にもとづいた夫婦という家族形態となった。

③育児ストレス解消の難しさ：カミングアウトをめぐって

　専業主婦となり，子どもと2人きりの時間が長く息が詰まるようになったさつきさんは，平日の日中は地域の子育て支援センターを利用している。センター常駐の心理士にだけ「LGBTファミリー」だと伝え，彼女たちの家族形態を知らない他の利用者の中でやよいさんは，週末に男性の「パパ」として参加している。

　なぜ，さつきさんは周囲にカミングアウトしないのだろうか。それは，ママ友に「ばれ」て，将来的に親2人のことで子どもがいじめられるのではないかと恐れているからだ。さつきさんは「私が拒絶されるだけならいい」と断りつつ，自分たちの子どもにホモフォビア（同性愛に対する嫌悪）やトランスフォビア（トランスジェンダーに対する嫌悪）が及ぶことを懸念している。

　　さつき：今後，○○（子どもの名前）が大きくなって，幼稚園なり保育園なり入って，小学校に知られて，私たちのことで，彼女がいじめにあったらなとか。そういうのもちょっと心配っていうかね。そういうときに，どう，こう，対処していけるのかなっていう。

　家の外でやよいさんが「ママになれる」場は，大家などの地域住民やマ

マ友と接点がなさそうな遠方と，カミングアウトしているさつきさんの実家など，一部に限られている。さつきさんの両親ときょうだいはさつきさんの性的指向を知っており，パートナーのやよいさんを「女性」として待遇する。さつきさんの家族はやよいさんを女性名で呼んでいる。つまり，やよいさんはさつきさんの実家では女性として過ごせるのである。他方で，やよいさんは実家とは距離を置いているため，やよいさんの親がいる場では「ママ」にはなれない。

そして，本来であればセクシュアル・マイノリティの受け皿となるはずのコミュニティも，現在のさつきさんにとっては必ずしも心地良い場ではないようだった。

> さつき：こう，お手本っていうか，その，見本となる，形がないから。うん。で，(やよいは)ああいうふうに，男の格好，男性ジェンダーのほう，格好をして。擬態も，しようと思えば，全然できちゃうから。(略)こう，結局，ヘテロ婚（異性婚）もしてるわけだから。「ヘテロと何が違うの」って言われちゃう可能性もあるよなあっていうのは。

レズビアンだが戸籍上の男性と結婚したさつきさんは，そのほとんどが子どもを育てていないセクシュアル・マイノリティのコミュニティで，結婚した件やパートナーが戸籍上の性別変更をしないのを咎められるのではないかと恐れるようになっていた。しかし，子どものいるLGBTをサポートするグループCでは，2人のパートナーシップや家族のあり方について批判する人はいない。さつきさんのこうした不安は杞憂に終わり，グループCでやよいさんも女装で過ごすことができ，家族がありのままでいられるのだった。

④「ママ2人」の恵まれた子育てとつながりへの希求

家庭の外では気を遣うばかりのさつきさんだが，シスジェンダーのヘ

テロカップルの夫婦とくらべると，家庭内では「恵まれた状態」と2人の家庭を表現する。

>さつき：普通，普通のって，何をとって普通って言われるかわかんないけど，ヘテロカップルさんよりは，もう全然恵まれた状態で，私，子育てはさせてもらってて。もうこれだけ〇〇（子ども）のこと，やよいがみてくれるし。（略）だから，ね，（ママ友から）「〇〇ちゃんのパパ，すごい優しいよね」って言われるけど，（さつきさんからすると）「ママだから，そうだよね」みたいな。

　さつきさんによれば，さつきさんが子どもの寝かしつけで寝落ちしてしまったとき，やよいさんが翌日のご飯を炊飯器に用意してくれたり，やよいさんがほぼ毎日子どもを風呂に入れたりしている。こうした気配りのできるやよいさんは，ママ友から「優しい」と言われているが，さつきさんにとってやよいさんは「女性」であり，「ママ」だから優しいのは当たり前なのである。
　やよいさんを子育ての良きパートナーとするさつきさんはしかし，ほかに「モデル」がないと悩む。セクシュアル・マイノリティ向けのイベントで，子どものいるMtFトランスジェンダーと出会い連絡先を交換したがそれ以降途絶えてしまったことを，さつきさんは残念がっていた。

>さつき：MtFのほうで，お子さんもいるっておっしゃってたので，ちょうど。
>Q：うんうんうん。ちょうどやよいさんに近い感じですか。
>さつき：近い感じで。だから，いい，ね，あの，こう。話ができるんじゃないかなーっていう感じだったんですけど。
>Q：うんうんうん。ダメだった。
>さつき：ダメだった。また会えるといいなあとは。

家庭の中では互いを女性として認識し，家事育児の役割分担がうまくいっているにもかかわらず，カミングアウトできないため，さつきさんは地域のママ友とは外面的な関係性しか築けていない。そして，子どもがいない前提のセクシュアル・マイノリティのコミュニティからは，脚が遠のいている。育児ネットワークとして想定されるママ友を代表とする地域コミュニティ，性自認・性的指向の同質性によって成立するセクシュアル・マイノリティのコミュニティ，いずれの場所にも居場所を見つけられていないさつきさんにとって，自分の家族と似たような立場にある「LGBTファミリー」の存在は，それ独自の価値があるのだった。

2.3　MtFトランスジェンダーのやよいさん

　次にやよいさんのライフヒストリーに目を転じよう。以下より①セクシュアル・マイノリティとしてのやよいさんの来歴，②突如人生に登場した子育ての可能性，③「パパ」としての生活，④今後彼女が望んでいる生活に沿って整理する。

①「女装文化」との出会い

　「中年から」女装しはじめたやよいさんは，「文部省とか厚労省や医者が認めてる」「教科書的なトランスジェンダー」ではない「イレギュラーなコース」と自分の人生を表現し，「性同一性障害」とは異なる歩みをしてきたと強調する。

　やよいさんがトランスジェンダーとして生きるようになったきっかけは，過去の交際相手との共依存的な関係に悩んで受けたカウンセリングにさかのぼる。女性の見た目へと近づくほうが「自分のいいところ」を出せると気づいたやよいさんは，「女装サロン」――注2という「文化」へと行き着く。女性らしく見せるための服装による体格補正や，女性的な動作を身につけたやよいさんは，女性集団の中に溶け込んでゆく。ホルモン療法や性別適合手術の必要性を感じず，「対人関係で女でいければいい

じゃないか」と考え，今もそれを実践している。

　現行の「性同一性障害者の性別の取扱いの特例に関する法律」(2003年施行，2011年改正，以下「特例法」)では，戸籍上の性別変更の要件として生殖腺を除去する性別適合手術が課されている。同法は「生物学的には性別が明らかであるにもかかわらず，心理的にはそれとは別の性別(以下「他の性別」という)であるとの持続的な確信を持ち，かつ，自己を身体的及び社会的に他の性別に適合させようとする意思を有する者」を「性同一性障害」とし，「診断を的確に行うために必要な知識及び経験を有する二人以上の医師の一般に認められている医学的知見に基づき行う診断が一致しているもの」と定めている。

　「性同一性障害」という言葉が今日のように流通していない時代に思春期を過ごし，男性化する身体を仕方なく受け入れてきたやよいさんは，女装文化をとおして対人関係で女性となる術を学びとる。そんな彼女は，膣は欲しいが睾丸をとることは「こわい」と言い，ホルモン療法にともなう鬱病リスクを心配して性別適合手術に乗り気になれなかったのだった。やがてやよいさんは，他のセクシュアル・マイノリティに会おうと「探検」に出かけ，ボランティア活動に携わり，現在のパートナーであるさつきさんと出逢うことになる。活動では自分が望む服装(女装)で過ごし，ありのままの自分でいられる状態であった。彼女は，そこで何度も人に好かれるという経験をしたと振り返る。

②「神様からのご褒美」：好きな人から「子どもが欲しい」と言われて

　性自認は「どっちつかず」，性的指向は「雑食」というやよいさんは，女装で自分らしさを満喫できるようになった一方，「女装で老後だ，さあどうなる」「地図が見えない状態」に悩んできた。筆者に子どもが欲しいと

注2——性別適合手術やホルモン療法を利用しはじめる前からも，人びとは異性装によって性別を越境してきた。矢島正見編(2006)や三橋順子(2008)には，女装をする人たちの集まる「女装サロン」の有り様が描かれている。

思ったことがあるかと聞かれ，さつきさんに子どもが欲しいと「告白」されるまでは，不可能なことだと考えていたと答えている。

> やよい：えー，そうですね，もてるものなら欲しいと。でも，自分には無理なんだろうと，こんな中途半端なジェンダーの持ち主でパートナーが現れるっていうのは難しいことだし，難しいだろうと当時は思ってました。(略)(パートナーが)できるとしても，子どもまで欲しいっていう人が現れるかどうかは。相手が(身体上の)女性になるかもわからないし。これは。○○(ボランティア活動)とかで少々神がかったような勢いで，(人に好かれることを)体験してきてたので。最後にこんな告白(さつきさんからの子どもが欲しいという告白)が来るんだったら，きっとこれは，あの，神様からのご褒美に違いないと。

身体は男性のパートナーの子どもを欲しがるさつきさんの，レズビアンとしての「生き方」を心配したやよいさんだったが，「それでもかまわない」という彼女の覚悟を受け，「これは，一世一代の，告白だ。これは受けないわけにいくまい」と，子どもをつくることを決心する。前述したように計画的な性交渉を経て，2人は子どもを迎える。

③「パパ」としての生活：子どもと家庭の外における関係

平日の大半を過ごす会社ではカミングアウトをしない「世間的には男性の身分」のやよいさんは，事実婚関係で詮索されるより「世間のコースに素直に従って婚姻関係ということにして，社会福祉を最大限に活用させていただこう」と考え，さつきさんに結婚を提案したという。互いを女性として認識しているさつきさんとやよいさんカップルの関係性は，子どもの誕生を機に変化していくことになる。

> やよい：なんか子どもがいないうちは，あの同性カップルっぽ

かったんですけれど。この子が，おっぱいがないのはパパとか認識してるので，どうしてもこう，パパ，ママっていう役割に縛られるところが強くなってます。(略)(子ども)本人は(さつきさんとへその緒でつながっていたときを)覚えてないけれど，えと，本能的に「やっぱりこっちがママだ。で，あなたおまけ」っていう感じの，露骨な待遇の違いがあるかな。あの，「パパ大好き！」な子にはなってるんですけど。やっぱり，こう，ご飯でたとえると主食はママで。私はおかずという感じです。主食がなければ生きていけない。

　家庭内では女装姿のやよいさんは，子どもが言葉を発する前，「ママ」と呼ばれるかもしれないという淡い気持ちを抱いていたが，子どもから「パパ」と呼びかけられ，それを受け止める。加えて，地域の子育てネットワークにおいても「パパ」となっていく。

やよい：やっぱりこの家だと，あの，来客とかが少なくて。どうも，家族全体として孤立気味なので。もっと家族づきあいのネットワークを緊密にしたいっていうのがあります。幸いそちら(さつき)はママ友連合のほうが，だいぶ強くなってきてるようなので。そちらにあたしもこう，パパ役で，食い込みたいなーと。

　やよいさんは，さつきさんの「ママ友連合」のなかに自らも「ママ」として関わろうとはしていない。あくまで「パパ」の役割をとり，その結果，家族の「孤立気味」の状況が改善されればよいと願っているようだった。

④「家族ぐるみでつきあえる仲間」を求めて

　子育て中のやよいさんが「女の格好のほうの完全装備」で出歩けるのは，「ママコミュニティの網」に引っかからないところだけである。それ

は「どの家族が味方になりそうかはっきりしてない」流動的な「ママコミュ」で過ごす時間の長いさつきさんが，居心地の悪い思いをしないようにするためだという。女装をしたほうが自分の良いところを出せるというやよいさんは，現状に必ずしも満足しておらず，本当は本来の姿で「家族ぐるみでつきあえる仲間」「ジェンダーに関して物わかりのいい，よい知り合いに囲まれた状態」を求めている。

> やよい：「ああ，パパ今日はこっちの格好なの？」とかって，自然に。驚かない，詮索されない。そのうち，あの，幸い，今，同性婚の話題とか，ポピュラーになりつつありますし。たとえば「あなたが好きです」って言われて，「ごめん私ゲイです」とかっていっても，「ああ，そう，残念だわ」で済むようなそれぐらいの社会になったら，住みやすくなるかなって。（やよいさんに向かってだれかが）「あら，今日は（女装で）美人ね」とか（言える），そういったので。そういう，こう，さらけ出せる相手。が，家族のまわりに，いるという状態ですね。やはり，物わかりが悪いのは絶対にいます（語尾が下がる）。そういったのにぶつかっても，ここに味方がいるから大丈夫というような。

平日は仕事，週末は家事育児に忙しく「家庭に埋没」し，女装姿で交流できる人が限られるため来客を制限し，「家族全体で孤立気味」というやよいさんも，さつきさん同様，パートナーの妊娠前後からセクシュアル・マイノリティのコミュニティとの交流を断ってしまった。久々に参加したセクシュアル・マイノリティ向けのパレードでの1コマを，彼女は〈一家で訪問して一種の逆カムアウト〉と表現しており，このコミュニティがやよいさんの助けにはあまりなっていないことがうかがえる。また〈私の実家のほうは私のセクシュアリティについてはほとんど解っておらず，怪しい生活から結婚で更正したという程度に考えている〉と，親から

のサポートは期待できない。

　やよいさんが自分をオープンにしながら子どもに関して相談できる唯一の相手は，女装を介して友だちになったシスジェンダーの女性たちである。子育て経験があり「先輩」である彼女たちから「そこが辛抱のしどきだよ」などの子育てに関するアドバイスをもらっているのだった。シスジェンダーの母親として，不満の残るかたちでありながらも「ママ友」とつながっているさつきさんとくらべ，家庭外では「男性」「パパ」と見られているやよいさんにとって，「女性」中心となる育児ネットワークに加わるのが難しいことがうかがえる。

3　内では「ママ２人」／外では「パパとママ」

　前節まで２人の出逢いから子育て中の現在までを，時系列にそって整理してきた。本節では２人の語りを総合し，(1)セクシュアル・マイノリティであるがゆえの経験，(2)現代の日本社会での子育てと共通する問題，(3)育児支援の現場に求められることは何かを考える。

3.1　セクシュアル・マイノリティであるがゆえの経験
　「同性カップル」の装いが強かった２人の関係は結婚と子どもの誕生を契機に，家庭の内外で大きく変容することになった。

　２人は家庭の外ではほとんどカミングアウトしていないため，異性愛シスジェンダーの「夫婦」として通ることになる。この戦略はホモフォビアやトランスフォビアを避けるため，相手の受け取る印象をコントロールする，家族ぐるみの「印象操作」(Goffman 1959=1974)であるが，カミングアウトしていない相手とは気兼ねなく交流できないため，家族は孤立した状況に陥りやすい。これを図にしてみると図１のようになる。

　日本は結婚していない男女の間で生まれる子どもの数が，欧米諸国とくらべてきわめて少なく，結婚と生殖の結びつきがとても強い社会とい

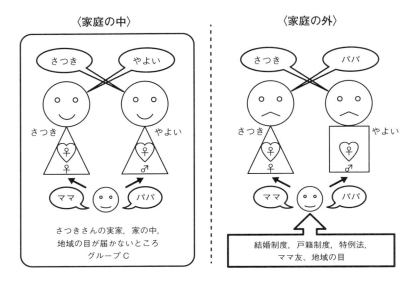

図1　家庭内外での家族のかたち

われている。カミングアウトしていない2人は結婚を防波堤として，周囲からの詮索とやよいさんの親からの干渉を防ごうとしていた。言い換えれば，日本における結婚規範——（異性）結婚・（異）性愛・生殖の三位一体と親からの自立の象徴としての結婚——を利用したのである。だが，それは同時に，2人にとっては必ずしも望ましいとはいえない要素——家族全体の孤立，夫婦同姓，性別役割分業規範——をも招き入れる結果となった。

とくに話し合いもなされずに「夫」の姓を名乗ることになったさつきさんは，〈正直，今も自分自身でも違和感（ビアン〔注：レズビアン〕なのにヘテロ婚〔異性婚〕をしている）があります。ビアンなのに（男性と）結婚している，名字も本籍も変えなくてはいけなかったことについてはまだ引っかかりを感じています〉と述べている。家庭内では2人の家事育児分担がうまくいっているにもかかわらず，戸籍上の「女性」であるさつきさんが姓を変え，なかなか職場への復帰がかなっていない。また，子育てネットワー

クに加わろうとしているやよいさんも，仕事の忙しさや「男性」と見なされることから，「ママ友」とまだつながれてはいない。ここから「ママ2人」でありたいさつきさんとやよいさんの家族を，異性愛規範的な男女の枠組みの中に押しとどめようとする慣習や制度の根強さをうかがい知ることができる。

3.2 現代の日本社会における子育ての課題

　さらに2人の語りをよく見てみると，他の子育て中のカップルも同様に抱えているだろう構造的問題が見出せる。それは，家族の孤立化と子育ての社会化の難しさである。

　パートナーとの同棲や大学進学を機に2人とも都市圏に移り住み，定位家族の住む地域とは物理的にも心理的にも離れているため，2人は血縁ネットワークから日常的な子育て支援は見込めない。待機児童が多いという地域的特性もあいまって子どもを預けられなかった2人は，出産後のさつきさんが専業主婦，家計を支えるやよいさんがサラリーマンの「夫婦」となり，カミングアウトできないことからも地域から孤立気味となる。外見上は性別役割分業体制の近代家族のかたちをとったことが，皮肉なことに「社会福祉を最大限に利用させてもらおう」とするやよいさんたちの意図とは反する状況をつくりだしていた。

　児童福祉施設である認可保育所は，児童福祉法39条の中で「日日保護者の依託を受けて，保育に欠ける乳児又は幼児を保育することを目的とする施設」と位置づけられている。近年は保護者が希望しても保育所に預けられない「待機児童」の増加と，それにともないキャリアを中断せざるをえない女性のM字型就労が社会問題となっている。保育所への入所には，各自治体で選考指数が設けられ，預けられる子どもの優先順位がある程度決まっている。選考指数が高ければ高いほど，優先的に保育所に入所ができる仕組みになっている。たとえば，就労時間が長ければ長いほど，ひとり親世帯であるほど指数が高くなる，つまり，入所しやすく

なる。逆に労働時間が短い，専業主婦など子どもの面倒をみられる人物がいると見なされる世帯の場合，保育所に子どもを預けにくくなる。福祉の領域では，男性の交際相手がいる女性は，男性によって養わるべき依存的な存在へと水路づけられやすいともいわれている（丸山 2013）。

対外的には，家計を支える「夫」がおり，育児を全面的に担っていると見なされる「専業主婦」世帯となるさつきさんとやよいさんのケースは，保育所に子どもを入所させやすい世帯にカウントされない。近代家族の形態となってしまったからこそ保育所を利用できないという現象は，やよいさんとさつきさんのようなセクシュアル・マイノリティカップルに限らず，多くの異性カップルをも悩ましている。

2人が結婚しなければ，子どもを保育所に預けやすかったかもしれない。しかし，戸籍上「男性」との結婚には乗り気ではない理由がさつきさん自身のアイデンティティ（レズビアン）にあること，自分たちを女性カップルと認識していることなどを，周囲から理解してもらうのは難しいと2人は感じていた。だからこそ，他者からの詮索を避けるために結婚を選択した2人であった。だが，そもそも結婚を戸籍上の男女に限る現行制度そのものが，2人がそれぞれ歩んできた人生や現在の家族生活にそぐわないのである。

3.3　育児支援の現場に求められる性の多様性の観点

専業主婦の育児ストレスは，働いている女性よりも有意に高いとされる。核家族化が進む中で，母親だけの孤立した育児が母親のストレスを高めることが危惧されるため，国はさまざまな対策を練り，家族を地域につなぐなど，子育ての社会化を企図してきた。保育所に子どもを預けられなかったさつきさんとやよいさんが利用している地域の子育て支援センターも，その取り組みの1つである。

2人は子育て支援センターに通いつつも，セクシュアル・マイノリティであることをカミングアウトしていないため，センターで知り合う保護

者たちと情報交換をしたり，積極的な交流ができていない。では，果たして2人は気にしすぎといえるのだろうか。

　やよいさんが言及していたように，ここ数年は「LGBT」という言葉がある程度知られるようになっている。しかし，セクシュアル・マイノリティ自身が親となり子育てをしていることを知っている人はどれだけいるだろうか。異性愛者全員が，異性が好き，性別違和感がないというだけで円滑に子育てをしているわけではないように，性自認や性的指向という個人の属性がその人の子育て能力を決定するわけではない。にもかかわらず，セクシュアル・マイノリティの子育てが可視化するアメリカを例にとっても，LGBT親はセクシュアル・マイノリティであるというその一点のみが注目され，親としての適格性が疑われてきた (Stacey and Biblarz 2001; Stacey and Biblarz 2010)。日本で子育てする2人も，他者からいわれのないまなざしを向けられるのではないかと，不安になるのも仕方のないことである。2人が恐れているのは，周囲からの社会的偏見や差別であり，他者から貼られるレッテルである「スティグマ」(Goffman 1963=2003) である。スティグマは個人の属性に帰するものではなく，他者からもたらされるものだ。

　本章はレズビアンとMtFトランスジェンダーの子育てを事例に，セクシュアル・マイノリティであるがゆえに相談相手が限られること，制度が内包する近代家族規範が子育ての社会化を阻んでいることを明らかにしてきた。保育園への入所基準，セクシュアル・マイノリティは子どもがいないという前提（＝親は全員異性愛者である）によって，彼女たちの家族はよりいっそう孤立気味であった。2人が求めているのは，家庭の外と中のズレを少しでも少なくできる場である。

　さつきさんとやよいさんの家庭が抱える困難は，多様な家族がいるという認識が子育て支援の現場に広まれば解消される部分が大きいだろう。その第一歩として，周囲の保護者，支援センター，行政職員などの子育て・子育て支援に関わる人びとには，親となる人の性の多様性を知っ

てほしい。そして，家族社会学を学び，これから社会で活躍する人たちが，いつか出会うかもしれない——すでに出会っているかもしれない——「さつきさんとやよいさん」へ，想いを馳せられることを願っている。

参考文献

Goffman, Erving, 1959, *The Presentation of Self in Everyday Life*, Doubleday & Company, Inc.（＝1974, 石黒毅訳『行為と演技——日常生活における自己呈示』誠信書房）
———, 1963, *Stigma: Notes on the Management of Spoiled Identity*, Englewood Cliffs, N.J.: Prentice-Hall, Inc.（＝2003, 石黒毅訳『スティグマの社会学——烙印を押されたアイデンティティ』せりか書房）
石田仁, 2008, 「総論　性同一性障害」石田仁編著『性同一性障害——ジェンダー・医療・特例法』御茶の水書房.
丸山里美, 2013, 『女性ホームレスとして生きる——貧困と排除の社会学』世界思想社.
三橋順子, 2008, 『女装と日本人』講談社.
日本精神神経学会・性同一性障害に関する委員会, 2012, 「性同一性障害に関する診断と治療のガイドライン（第4版）」『精神神経学雑誌』114（11）: 1250-1266（2016年7月31日取得: https://www.jspn.or.jp/uploads/uploads/files/activity/journal_114_11_gid_guideline_no4.pdf）.
Stacey, Judith and Timothy Biblarz, 2001, "(How) Does the Sexual Orientation of Parents Matter?," *American Sociological Review*, 66 (2): 159-183.
———2010 "How Does the Gender of Parents Matter?", *Journal of Marriage and the Family*, 72 (1): 2-22.
田渕六郎, 2009, 「家族らしさとは」神原文子・杉井潤子・竹田美知編著『よくわかる現代家族』ミネルヴァ書房, 10-11.
矢島正見編, 2006, 『戦後日本女装・同性愛研究』中央大学出版部.

12

子育てひろばにおける
やりとりとつながり

戸江哲理
Toe Tetsuri

1 「母親が問題だ」

　子育て支援という言葉がこんなにも社会に浸透したのはいつの頃からだろうか。母親だけの子育てはしんどい，子どもは家族を超えたつながりの中で育つ――この子育ての社会化の発想は，それを支持するかどうかは別問題としても，現在の日本社会ではごくありふれたものだ。だが，40年くらい前の日本では，この発想は当たり前のものではなかった。次の文章はそれを如実に物語っている。

> 　これまでの私の臨床経験からいって，現代の子どもの異常の60％はその母親の育児が原因となった病気や異常，つまり母原病で，伝染病などが原因のものは40％にすぎません。したがって，現代では，何か子どもに異常や病気があらわれたら，一度は親自身が原因ではないかと疑ってみる必要すらあるのです。
>
> （久徳 1979: 34）

　この文章を読んでどんなふうに思っただろうか。きっと多くの人が「乱暴な物言いだな」と面食らい，あるいは「そんなはずはないだろう」と訝

しんだのではないだろうか。上の引用で論じられているのは幼い子どもの病気だが，この本の後のほうでは家庭内暴力などの青少年期の問題についても，その原因を子どもが幼い頃の母親の育て方に求めている。

　子育てや子どもの問題の責任をもっぱら親，とくに母親に求めようとするこの発想は，私たちの感覚からすると，時代錯誤的なものに思えるだろう。筆者も最初にこの文章を目にしたときはいささか戸惑った。

　だが，この文章を引用したのは，この本の内容の是非を論じたいからではない。ここで注目したいのは，1979年に公刊されたその名も『母原病』というこの本が，ベストセラーになったという事実である。この事実は，子育てや子どもの問題を母親に帰責する発想を受け入れる素地が当時の社会にあったことを意味している。当時の母親や父親の中には，この議論を信じた人たちが少なからずいたのである。

　子どもや子育ての責任は母親にある──山根真理は，この考え方を母子関係パースペクティブと名づけた（山根 2000）。母原病は母子関係パースペクティブをいわば煎じ詰めたような概念である。

　本章のテーマは子育て（支援）である。そして，このテーマに取り組むにあたって重視するものは，子育て（支援）をめぐるやりとりとつながりである。母子関係パースペクティブが，子育てをもっぱら母親と子どものやりとりとつながりに閉じ込めて捉えるものだったとするなら，子育ての社会化の発想はその逆を行く。そこでの子育ては，親でも家族でもない人たちも含めたやりとりとつながりの中でなされるものだ。諸々の子育て支援はその典型例である。では，子育てをこんなふうに捉える発想はいったい，いつ頃にどんなかたちで登場したのだろうか。そして，この発想にもとづいて進められている子育て支援の現場では，どんなふうに家族を超えたやりとりがなされ，つながりが生み出されているのだろうか。

2 「母親の置かれた社会的環境が問題だ」

　ちょうど『母原病』が刊行された頃，学問の世界ではこの考え方を掘り崩すような研究が相次いでなされていた。一つは心理学者の佐々木保行たちによる育児疲労の研究（佐々木保行・佐々木宏子・中村 1979）であり，もう一つは社会学者の牧野カツコによる育児不安の研究である（牧野 1981，1982）。

　佐々木たちは，賃金労働者の疲労を測定するためのアンケート調査を，幼い子どもを育てている母親たちに対して行った。その結果，母親たちは賃金労働者たちに負けず劣らず疲労しているという実態が浮かび上がってきたのである。子育ては疲れるものだという知見も確かに重要だが，それよりも重要なことは，この調査を実施することの背後に，子育てもまた労働であり，仕事であるという発想があるということだ。子育ては母親の本能（あるいは母性）に由来するものだという母子関係パースペクティブからこの発想は出てきづらい。

　子育てが労働だとしたら，母親ばかりを責めるのは見当違いというものだ。働きすぎて疲れ切っているサラリーマンに必要なのは，上司の叱責ではなく，休息である。その人だけに仕事を負わせることではなく，多すぎるその仕事を周囲の同僚たちが手伝うことである。要するに，母親の労働環境を整える必要があるということだ。

　では，母親たちにとって望ましい労働環境とは何か。牧野は，それが子どもから離れる時間をもつことや，子育てとは別の自分がしたいことができるようにすることだと明らかにした（牧野 1982）。子どもから離れて自分の趣味にも時間を使えている人のほうが，そうでない人よりも，育児不安が少なかったのである。それは今なら，子どもがいる女性が母親としてのアイデンティティから離れることの重要性，というふうに表現されるだろう（井上 2013）。

母親の労働環境としてもう一つ重要なことは，家族以外の人たちとのつきあいである。近所に住む人たちや同じくらいの齢の子どもがいる母親たちとのつきあいが濃いほうが，育児不安が少ないという結果が出ている（牧野 1982）。落合恵美子がその嚆矢となった育児ネットワークの研究は，この知見に呼応している。落合は，兵庫県で1986年に実施したアンケート調査とインタビュー調査の結果から，都市部の核家族世帯では母親どうしのつきあいが活発になされていることを明らかにし，そこに母親どうしが助け合う関係，つまりサポートのネットワークがかたちづくられていると指摘した（落合 1989, 1993）。

　その後，たとえば働いている母親のネットワークについて調べる（関井ほか 1999）とか，ネットワークのメンバーどうしが互いを知っているかどうか（これをネットワークの密度と呼ぶ）に注目する（松田 2008）といったように，育児ネットワークの研究は蓄積が進んでいくことになる。これらの研究の根底にあるものは，子育てを母親だけで担うことはそもそも無理で，家族ではない人たちも含めたつながりの中でなされるほうが，母親にとっても子どもにとって望ましいし，多くの場合は現にそうなっているという発想である。

3　母親どうしのつながりを手伝う

　子育ては人びとのネットワークに支えられて成り立っている——この発想が子育て支援の必要性の認識につながっていることは見やすい。他方で，子育て支援というと，少子化問題を思い浮かべる人も多いだろう。それもまた正しい。子育て支援施策の最初の総合的なパッケージともいえるエンゼルプランが1994年に取りまとめられたきっかけは，その5年前の1989年に合計特殊出生率が過去最低の数値（1.57）を記録したことだった。このことは，子育て支援が少子化を食い止めるという狙いをもっていることを象徴している。

図1　子育てひろばの普段の様子

　だから子育て支援の背景には，母親や子どもが健やかに生きること（ウェル・ビーイング）を支えるという理念もあるし，人口という意味で国の将来を支えるという理念もあるわけだ。そして，これらの理念はときに鋭く対立する。

　育児ネットワークの中でも，先に紹介した落合が調べたような母親どうしのつながりをつくるチャンスを提供している場所が，これからくわしく紹介する**子育てひろば**である。子育てひろばとは，幼い子ども（その多くが0～3歳児くらい）がいる親（ほとんどが母親）たちが，子どもを連れてやって来て，自由に話し合い，子どもどうしを遊ばせ，スタッフの企画するイベントなどを楽しむ場所と，その場所を提供する活動と定義できる。図1を見てほしい。この写真は，筆者が調査を続けている子育てひろばで撮影されたものだ。子育てひろばの雰囲気が伝わるいい写真だと思う。

　政府が子育てひろばを事業化し，それを援助しはじめたのは2002年だった。図2からわかるように，翌2003年度に政府事業（当時はつどいの広場事業と呼ばれた）を受託している子育てひろばは85カ所にすぎなかったが，10年後の2012年度には全国で2266カ所を数えるまでになった。じつに25倍を超える文字どおりの爆発的増加である。この間に，他の子育て支援施策と統合されるなどして名称が何回か変わったり，法律（児童

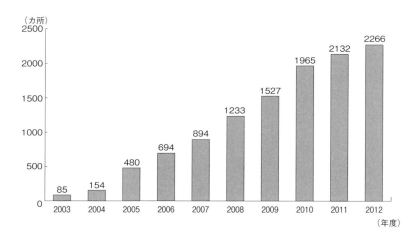

図2 政府から援助を受けている子育てひろばの数の推移
(出典:内閣府『少子化社会白書(平成16年版〜平成21年版)』,内閣府『子ども・子育て白書(平成22年版〜平成24年版)』,厚生労働省「平成24年度 地域子育て支援拠点事業実施箇所数(子育て支援交付金交付決定ベース)」から作成)

福祉法)上の位置づけが与えられたりといった変遷を経て,2016年9月の時点では,地域子育て支援拠点事業一般型・連携型のどちらかにふくまれている。子育て支援の事業・施策はたくさんあるが,今では子育て支援と聞いて子育てひろばを思い浮かべる人も多いだろう。

子育てひろばの活動の核心にあるものは,(母)親どうしのコミュニケーションである。それは,そこに通う母親たちにとってもそうだし,支援に携わっているスタッフにとってもそうだし,政府事業としてもそれがねらいのひとつである___注1。

では,母親たちはそこでどんなふうに言葉を交わすようになり,関係を深めていって,落合が述べたようなサポートのネットワークをつくっ

注1——子育てひろばについてもっとくわしく知りたい読者には,まずは大日向雅美(2005)を読むことを勧めたい。自らも子育てひろばを運営する第一人者が,そこでのエピソードも豊富に交えながら,一般読者向けに子育てひろばの意義と課題を平易に解説している。

ていくのだろうか。この問いに答えるためには，母親どうしのやりとりを検討できる研究の手法が必要である。つながりはやりとりから生み出されるからである。その手法が会話分析である。

4　会話分析はやりとりをどう捉えるのか

　会話分析は，やりとりをそこに参加している人たち自身が直面している問題とそれへの解の連なりとして捉える。このアイディアは端的に，「なぜ今それを？（why that now?）」(Schegloff and Sacks 1973: 299＝1989: 191) というフレーズによって表現できる。

　たとえば，あなたが日曜日の本屋に出かけたとしよう。混雑で狭くなった通路で夢中になって立ち読みをしていたら，本や雑誌を満載した台車を押した店の従業員が通路の端から近づいてきて「いらっしゃいませ」と言ってきたとする。このときにあなたは，この発言を「この店員さんは私を歓迎してくれているのだな」と理解するだろうか。そうではあるまい。あなたは「どうも」などと応答することなく（そんなことをしたら，彼はギョッとするだろう），彼が通路を無事に通れるように，身体をもっと書棚のほうに近づけるはずだ。それもほとんど反射的に。それは，この「いらっしゃいませ」という発言がどんなタイミングでなされたのか，ということをあなたが分析した結果である。

　また，あなたが彼にそう声をかけられて気づかないでいると，あるいは聞こえないふりをしていたら，従業員は「後ろを通してください」と言ってくるかもしれない。あなたはさすがにそこをどかざるをえなくなる。なぜなら，「後ろを通してください」は「いらっしゃいませ」よりも明らかにはっきりとした，そこをどいてほしいという要求だからである。そしてそうだとわかるのは，あなたがこの「後ろを通してください」という発言の言い表し方を分析したからである。

　こんなふうに，先の「なぜ今それを？」という問いは「どんなタイミン

グにどんな言い表し方で？」という問い，つまりその発言の位置（position）と形式（composition）の問題（Schegloff 2007: 20）に変換することができるのである。では，この問いを頭に置いて，子育てひろばでの母親どうしのやりとりを実際に検討してみよう____注2。

5　やりとりにおける親しさ

　次のデータでは，磯崎・福本・天野・沢村という4人の母親たちがダイニング・テーブルを囲んで話している（データに登場する人物の名前はどれも仮名である）。彼女たちにはそれぞれ1人ずつ息子がいて，沢村の息子・タツヤ以外はダイニング・テーブルから少し離れた場所でスタッフと遊んでいる。息子たち4人は，年齢というよりも月齢のレベルで齢が近く，先のタツヤの2歳2カ月から，天野の息子・ユウタの1歳8カ月までの間に収まっている。

　母親たちへのインタビューによると，彼女たちはこのデータが収録される1年くらい前から，この子育てひろばで知り合い，順次親しくなっていった。この頃にはすでに，子どもたちを連れて一緒に遊びに出かけるなど，子育てひろばにとどまらないつきあいに進展していた。

　ここで紹介するやりとりの直前では福本が，子どもを産む前はスーパーマーケットなどで泣いている子どもを見ると，親の責任だと思っていたが，子どもが産まれてからそうではないと思うようになったと語っていた。

　なお，やりとりの書き起こしの02行目の「降ろしてへん」とは，ここまでのやりとりから推測すると，磯崎が息子のケイゴをベビーカーから降ろしていないという意味らしい。05行目の「オンニ」とはラムネ菓子の

注2——会話分析に興味を抱いた読者には，まずは串田秀也（2010）を読むことを勧めたい。日本の会話分析をリードしてきた研究者が，わかりやすく，慎重にその基本を解説している。

ことである。ケイゴはラムネ菓子をこう呼んでいる。10行目の「30円の」とは30円で買えるラムネ菓子のことだろう。15行目の「カート」とは，スーパーマーケットなどに置いてある店内用のベビーカーのことらしい。最後に19行目の「コウちゃん」とは，福本の息子のコウヘイのことである（やりとりの書き起こしで使っている記号の意味については，注3を参照してほしい）。

```
01   磯崎   ：＞なんか＜今とか↑泣きはせん
02              け［ど::まだ降ろしてへんか↑ら
03   福本   ：  ［う::ん＞うんうんうん＜
04           (0.2)
05   磯崎   ：ンオ-ン-オンニオ［ンニッhてh［もhうhオンニが＝
06   福本   ：              ［uhuhuh
07   沢村   ：                        ［hahah
```

注3──やりとりの書き起こしで使っている記号の意味は以下の通りである。

```
       .    ：語尾が下がっている
       ↑    ：音声が矢印の後で目立って上昇している
       ::   ：語尾が延びている．コロンの数は延びの長さを表す
       -    ：音声が途切れている
   ＞文字＜  ：速度が比較的速い部分
    文字    ：音声が比較的大きい部分
   °文字°   ：音声が比較的小さい部分
       ［   ：上下行の発言・ふるまいの開始が同時
       ］   ：上下行の発言の終了が同時
       ＝   ：上下行の発言が途切れずにつながっている
   （文字） ：発言が聞き取りにくい部分．スラッシュが入っている場合は，その前後のどちら
            かの可能性がある
   （数字） ：0.1秒単位で計測した沈黙の長さ
   a, h, u ：笑い声
   h文字h   ：笑いながらの部分
   ￥文字￥  ：笑い出しそうな音声の部分
   ((文字))：身体的なふるまい
```

08	磯崎	＝[ガンガンh↑恥かしいや::ん
		[((口元に手を当てる))
09		(1.0)
10	磯崎	[それぐらいやったら30円の
		[(((両手で細長いかたちをつくった後に，右手でそれをつまんで渡すようなしぐさをする))
11		[とか(>こうやって</買って)渡してさ::
12	福本	[ahah
13		(0.8)
14	磯崎	°あればっかりや°＝
15	天野	＝最近カートに乗ってくれんくなっ[た.
16	磯崎	[おっ
17		[一緒やあ::::::ん　　　　]
		[(((天野と福本を交互に指差す))
18	福本	[あっよおh:h:し[やった::::]
		[(((左腕でガッツポーズをつくる))
	天野	[(((口を「ヘ」の字に曲げて2回頷く))
19	天野	「やあ::コウちゃんと一緒や::」と思ってさ:嫌がるん
20		やんめっちゃ::＝
21	福本	＝[買おうや::ベビーカー ah
		[(((天野に向かって左腕を伸ばし，手のひらを上下させる))
22		(0.5)
23	天野	[°(ううん-)°
		[(((口元を手で覆い，首を傾げる))
24	福本	¥肩ベルト¥つhきhのhやhつh

このデータの分析によって明らかにしたいことは，親しい関係の母親たちが子どもの様子について報告し，それを受け取るやり方である。というのも，そこに自分たちの親しい関係に注意を払うことが埋め込まれているからだ。
　15行目の天野の発言に注目してほしい。ここで彼女は，自分の息子（ユウタ）がカートに乗らなくなったと言っている。これは，ユウタの最近の様子についての報告である。そしてこの報告は，天野にとって好ましくないことの報告としてかたちづくられている（子どもがカートに乗らなくなったということは，そのぶんだけ子どもが成長したということでもあり，ポジティブな出来事としても報告できることに注意しよう）。それは，この発言を「どんなタイミングにどんな言い表し方で？」という問いに即して調べることで，理解できる。
　まず，この発言がどんなタイミングでなされたかを調べてみよう。この発言の直前では，磯崎が（スーパーマーケットに）ケイゴを連れて行くと，彼は泣くことはないが，ラムネ菓子をほしがって困るから，安いそれを買い与えて黙らせているといったことを語っている（01・02・05・08・10・11・14行目）。この磯崎の語りは，ケイゴの最近の好ましくないふるまいを報告している。語りはじめるときに「今とか」（01行目）と，これから語ることが最近のことであることを伝えている。また，ケイゴがラムネ菓子をほしがって叫ぶ様子を再現し（05行目），それに対する「恥ずかしい」（08行目）という気持ちを言葉に出している。加えて，一連の出来事を「°あればっかりや°」（14行目）と，それが繰り返されることをネガティブに評価して語りを締めくくっている。天野の先の発言はその直後になされている。そこは，天野がユウタの最近の好ましくないふるまいについて語ることができる場所として利用できる。
　天野はそこで「最近カートに乗ってくれんくなった.」と言っている。発言の言い表し方を検討しよう。発言は「最近」から始められ，それが文字どおり最近のことについてのものとなることが予告されている。そし

て天野は，ユウタがそれに乗らなくなったことを，「乗ってくれんくなった．」と自分がそれによって不利益を受けることとして言い表している。つまり，好ましくない変化と受け止めたことを伝えている。以上のような発言の位置と形式によって，この発言は子どもの最近の好ましくないふるまいの報告になっている。

　この天野の報告に対して磯崎と福本は，それぞれ「おっ」(16行目)，「あっ」(18行目)と，自分の知識の状態が変化したことを伝えることから発言を始めている。つまり，コウタがカートに乗らなくなったことを，ここで初めて知ったこととして受け取っている。問題は，彼女たちがその新しく知ったことをどんなふうに捉えたかということである。

　友だちがその人にとって好ましくないことを報告したときには，「それは辛いね」と同情したり，「本当なの」と驚いたりするものだと私たちは思うだろう。だが，磯崎と天野の受け止めかたはそのどちらでもない。磯崎は「一緒やあ::::::ん」(17行目)，福本は「よおh:h:しやった::::」(18行目)と言っている。しかも，これらは「おっ」，「あっ」という反応の後にすぐに続けて言われている。つまり彼女たちは，天野の報告がこんなふうに受け止めるべきものだということをすぐに理解できたわけである。

　とくに福本の反応は，天野にとっては好ましくないはずのことをむしろ歓迎しているという意味で，私たちに大きな驚きを与えるものだ(福本はガッツポーズすらつくっている)。だが天野本人は，この発言に対してとくに驚くこともなく，ただうなずいて(18行目)，語りを続けている(19行目)。

　つまりここでは，部外者の私たちにはわからないが，やりとりをしている当人たちにはわかる何かが起こっているわけだ。自分たちだけがシェアしている知識をもっていること——筒井淳也も述べているように，これは親しい関係をつくりあげる要素といえるだろう(筒井2008)。このやりとりは，母親たちが自分たちの親しい関係に注意を払うことによって成り立っているのである。そこで次に，このやりとりを可能にしているメカニズムを明らかにする必要がある。

6　つながりのメカニズム

　まず磯崎が天野の報告を聞いて理解したことは何だったのだろうか。磯崎は，「おっ一緒やあ::::::ん」と言うときに，福本に顔を向けながら福本と天野を交互に指差している（17行目）。つまり彼女は，コウヘイ（福本の息子）とユウタの共通性に気づいて，それをふたりに伝えようとしている。このことは当然ながら，コウヘイがカートに乗らなくなったことを彼女がすでに知っていたことを意味している。この発言には，磯崎がこれまでの福本とのつきあいから得た，コウヘイの現在の状態についての知識が組み込まれているわけである。それは，磯崎がここで福本との親しい関係に注意を払っているということだ。

　福本もまた報告の受け取りにおいて天野との親しい関係に注意を払っている。彼女がここで，「コウヘイもそうやねん」などとユウタとコウヘイの共通性に言及していないことがそれだ（なるほど，16・17行目の発言で磯崎が共通性に言及している。だが，福本はこの発言とほぼ同時に発言しはじめているから，彼女が磯崎の発言を聞いて言及することを止めたとは考えられない）。それは，彼女がユウタとコウヘイの共通性にあえて言及する必要はないと考えたことを意味している。そしてその必要がない理由は，コウヘイもカートに乗らなくなっていることを天野は知っていて先の発言をしていると，福本が理解しているからである。

　彼女が「よおh:h:しやった::::」（18行目）と言いえたのも，天野がこの事情を知っていて，この発言を（子どもがカートに乗らない）仲間が増えたことへの歓迎と捉えてもらえると期待できたからである。こんなふうに福本もまた，天野がコウヘイの最近の様子について知っているという想定を報告の受け取りに組み込んでいる。彼女もやはり，自分たちが親しい関係であることに注意を払うようにして発言を組み立てているのだ。

　福本の想定が正しかったことはすぐに明らかになる。天野はこの福本

の発言の直後に,「『やあ::コウちゃんと一緒や::』と思ってさ:」(19行目)と,息子たちの共通性に言及している。この共通性への言及は,直接話法を用いて,ユウタがカートに乗らなくなった時点という過去の時点での感想としてなされている。つまり,磯崎に指摘されて気づいたのではなく,ユウタがそうなったときにすでに気づいていたということを伝えているわけである。

また,このときに天野が「コウちゃんと一緒」と,ユウタの話をコウヘイの話に対する付け足し(「と」)と扱っていることにも注目しよう。これは天野が,ユウタの話をコウヘイの話とよく似た話として差し出していることを意味している。こんなふうによく似た経験を語り合うことで,互いの距離は縮まるかもしれない。そしてそれは,この場で聞いた経験談に対して(この場で)自分の経験を語るというものではない。むしろそれは,以前に聞いた経験談を過去のある時点で思い出し,それをここで語るという,いわば時を隔てた経験の語り合いになっている。そこには,ユウタがカートに乗らなくなったときにコウヘイの話を思い出したということ,つまり天野が福本たちと会っていない間も彼女たちのことを考えていたということが含み込まれている。この意味でこの発言は,その場で聞いた経験談に対して類似する経験を語るよりも強力に親しさを伝えている。

7　家族(主義)を超える兆しを捉える

ここまでひとつのやりとりを取り上げて,そこで母親たちがどんなふうにつながりを生み出しているのかを会話分析によって検討してきた。そこでは母親たちが,自分が相手の子どもについて知っていること,そして相手が自分の子どもについて知っていることを組み込むようにして発言していた。それによって,自分たちがたんなる母親どうしではなく,親しい母親どうしであることをすること,つまりやりとりにおいて実現

することができていた。

　もちろん，ここで検討したやりとりは，彼女たちが子育てひろばで連綿と続けているそれから切り取った，ほんの小さな切れ端にすぎない。だが，私たちがつながりとか関係性とかネットワークと呼んでいるものは，そんな小片があまたと結びついた全体であるはずだ。そうであるなら，つながりが生み出されるプロセスを知るためには，やりとりを検討することが必要になる。ここで行ってきたことは，そのささやかな一例である。

　この章の冒頭では『母原病』を引き合いに出して，母子関係パースペクティブを前世紀の遺物であるかのように扱った。だが，それは少しオーバーだったかもしれない。確かに，子育て支援は数も種類も増えている。それは，子育ての社会化の理念が社会に浸透しつつあることを象徴しているように思える。だが，その内実はどうだろうか。

　松木洋人は，いくつかのタイプの子育て支援の調査を行い，現場にいるスタッフたちが支援に携わりながらも，子育てはまずもって母親が担うべきだと考えていることを見出した（松木 2013）。子育て支援の現場であってすら，この発想と子育ての社会化の発想のせめぎ合いは続いているのである。

　家族主義は子育てにも息づいている。そうであるなら，家族に，そして子育てに関心を寄せる私たちはなおのこと，人びとが家族（主義）を超える兆しに敏感であったほうがいいだろう。人びとのやりとりをつぶさに観察し，ていねいに解きほぐしていくなら，その兆しは私たちのごく身近なところで捉えられるかもしれない。

　（付記）5節と6節でのやりとりの分析は戸江哲理（2009）の一部を書き改めたものである。分析に関係する会話分析の文献についてはそちらを参照してほしい。

参考文献

井上清美，2013，『現代日本の母親規範と自己アイデンティティ』風間書房．
串田秀也，2010，「言葉を使うこと」串田秀也・好井裕明編『エスノメソドロジーを学ぶ人のために』世界思想社，18-35．
久徳重盛，1979，『母原病——母親が原因で増える子どもの異常』教育研究社．
牧野カツコ，1981，「育児における不安について」『家庭教育研究所紀要』2: 41-50．
————，1982，「乳幼児をもつ母親の生活と〈育児不安〉」『家庭教育研究所紀要』3: 34-56．
松木洋人，2013，『子育て支援の社会学——社会化のジレンマと家族の変容』新泉社．
松田茂樹，2008，『何が育児を支えるのか——中庸なネットワークの強さ』勁草書房．
落合恵美子，1989，『近代家族とフェミニズム』勁草書房．
————，1993，「家族の社会的ネットワークと人口学的世代——60年代と80年代の比較から」蓮見音彦・奥田道大編『21世紀日本のネオ・コミュニティ』東京大学出版会，101-130．
大日向雅美，2005，『「子育て支援が親をダメにする」なんて言わせない』岩波書店．
佐々木保行・佐々木宏子・中村悦子，1979，「乳幼児をもつ専業主婦の育児疲労（第1報）——生活心理学的アプローチ」『宇都宮大学教育学部紀要』29 (1): 21-43．
Schegloff, Emanuel A., 2007, *Sequence Organization in Interaction: A Primer in Conversation Analysis*, vol.1, Cambridge: Cambridge University Press.
———— and Harvey Sacks, 1973, "Opening up Closings," *Semiotica*, 8: 289-327.（＝1989，北澤裕・西阪仰訳「会話はどのように終了されるのか」G・サーサス／H・ガーフィンケル／H・サックス／E・A・シェグロフ『日常性の解剖学——知と会話』マルジュ社，175-241）
関井友子・斧出節子・松田智子・山根真理，1999，「働く母親の性別役割分業観と育児援助ネットワーク」『家族社会学研究』3: 72-84．
戸江哲理，2009，「乳幼児をもつ母親どうしの関係性のやりくり——子育て支援サークルにおける会話の分析から」『フォーラム現代社会学』8: 120-134．
筒井淳也，2008，『親密性の社会学——縮小する家族のゆくえ』世界思想社．
山根真理，2000，「育児不安と家族の危機」清水新二編『家族問題——危機と存続』ミネルヴァ書房，21-40．

13

ポスト工業化社会への移行から考える家族と政治

本多真隆
Honda Masataka

1 家族と政治とは

　2016年3月初頭の国会議事堂前に,「保育園落ちたの私だ」と記した紙を掲げた人たちが数十人ほど集い,抗議行動が行われた。認可保育園に子どもを預けることができなかった人だけでなく,都市部で深刻化する待機児童問題に危機感を感じた人たちも集まった,静かな抗議行動だった。

　この行動のきっかけとなったのは,2016年2月中旬に匿名で投稿された,「保育園落ちた日本死ね」というタイトルのブログ記事である。保育園に子どもを預けることができず,仕事と育児の両立の困難をうったえたこの記事は,またたく間に多くの人の共感を呼んだ。Twitter上では「#保育園落ちたの私だ」というハッシュタグをつけた書き込みがあいつぎ,同月29日には衆議院予算委員会で同ブログが取り上げられた(『朝日新聞』デジタル 2016.3.5)。

　私たちの家族生活は,社会や政治と密接につながっている。待機児童問題の背景には,都市部への人口集中や共働き世帯の増加があるが,制度の整備の遅れや問題への無関心も要因に挙げられる。藤田結子も指摘しているように,日本においては「男性片働きでも,ある程度豊かに暮ら

国会前での抗議行動 ©朝日新聞社

してきた」という感覚が根強く,「共働きでなければ暮らしていけない」ような子育て世代の困難が,政治の場や職場で理解されづらい傾向にある(藤田 2016)。現在の日本社会は大きな転換期に入っており,家族も渦の中にあるが,その変動についての社会的な共通理解は十分に形成されているとはいいがたい。

　この社会構造の転換は,日本だけでなく先進諸国を中心に共通して起きていることである。ドイツの社会学者であるウルリッヒ・ベックは,その変動の中で「政治的なもの」の再創造が必要となることを指摘している。ベックによれば,現代社会においては,20世紀半ばまでの工業化社会で成立していた政治システムが機能不全に陥りつつある　注1。そのため,これまで政治的と見なされていなかった領域——私生活,日常生活など——も含めて,何が政治的な問題となるかを,私たち自身が自覚的に決定していくことが重要となるという。デモや社会運動など,既存の政治システムによらない自発的,直接的な行動は,その再創造の一

注1——ベックは,従来の政治概念が工業化社会に形成された議会政治における「支配,権力および利害の擁護と正当化」と関連して用いられてきたことに対して,「生活関係の形成と変化」に力点をおいて議論を展開している。

例である (Beck 1986=1998)。

つまり，現在の私たちに求められているのは，家族の問題を個人的な問題としてでなく，「私たち」の問題として開いていくことである。私たちはしばしば，家族を社会や政治の領域とは離れたものとして捉えがちであるが，実際は決して無関係ではない。そして，社会構造の転換によって家族を取りまく状況が大きく揺らいでいる中，あらためて家族の問題を，公的な関心につないでいくことが重要となっているのである。

本章の目的は，この社会構造の転換をポスト工業化社会への移行という枠組みで捉え，家族と政治の関係を考えていくことである。私たちの家族生活が社会の変動と密接に関わっていること，また政策などの「上から」の政治が家族に大きな影響を及ぼしていることだけでなく，私たちの日常的な行動や選択が，「下から」社会や政治それ自体を変えていく可能性があることを感じとってもらいたい。

結論を先取りすれば，この変動が意味するのは，20世紀半ばまでの多くの先進諸国で成立していた，「男性片働きでも，ある程度豊かに暮らしてきた」ような家族のあり方が大きく揺らいだことである。まずは，これまでの家族のあり方と，そこで行われていた家族と政治をつなげる試みを見ることから始めていこう。

2　工業化社会における家族と政治

2.1　男性稼ぎ手モデルの浸透

20世紀半ばまでの先進諸国では，アメリカの自動車産業や日本の電機産業などに象徴される，製造業を中心とした工業化社会が形成されていた。工業化社会とは，19世紀の産業革命を経て出現した，工業生産が諸産業部門の中で優越的な比重を占める社会のことをいう。日本についていえば，「ものづくり」を軸に経済発展を成し遂げていた，「昭和」の時代をイメージしてもいいだろう。

この社会の特徴の1つは，男性労働者の雇用と賃金が比較的に安定していたことである。20世紀半ばの工業化社会では，大工場による大量生産と大量消費のサイクルが成立し，男性労働者は高賃金を受け取るようになった。男性労働者の雇用と賃金が安定すると，「夫は仕事，妻は家庭」という性別役割分業が浸透していき，欧米圏の先進諸国においては1950〜60年代，日本においては1970年代にピークを迎える。男性稼ぎ手モデルは，このような工業化社会の構造にあわせて標準化された家族のあり方である。

　もちろん，工業化社会においても農家や自営業はあるため，すべての人がこうした家族生活を営んでいたわけではない。とくに戦後の日本では，高度成長期に大量生産—大量消費型の産業構造の浸透と並行して，農家や自営業を保護する政策がとられた。そのため企業に勤める労働者だけでなく，家業継承型の家族生活も豊かになっていった。山田昌弘は，戦後日本の家族について，「都会に出たサラリーマンの核家族」も「農業を営む三世代家族」も，ともに家電製品や自家用車を購入するなど，「家族生活が豊かになる」ことを目標としていたと述べている（山田 2005: 137）。1973年の総理府調査では，9割の回答者が自分の生活水準を「中」と見なし，いわゆる「一億総中流意識」が定着した。

　大量生産—大量消費のサイクルによる経済成長，それにともなう男性労働者の高賃金の獲得，そして性別役割分業の浸透と，工業化社会の家族は豊かさと安定を手に入れた一方で，ライフコースは固定化されていった。男性は学校卒業後に就職して定年まで働き，女性は20代半ばで結婚して専業主婦となるという人生が，標準的と見なされるようになる。

　こうした工業化社会の家族のあり方を疑問視する声は，労働市場から排斥され家庭にとどまった女性の側から高まっていく。性別役割分業や母親としての女性の生き方を「政治的」な問題として取り上げた，第二波フェミニズムの主張がその1つである。

2.2　フェミニズムの問い

　第一波フェミニズムは，19世紀末から20世紀初頭の欧米圏で高揚した女性参政権獲得運動を中心とする。戦前の日本がそうであったように，この時期の男性と女性の間には，参政権や財産権など，法的にも歴然とした不平等があった。たとえば戦前の日本においては，女性は参政権がないばかりでなく，妻は夫の許可なしに売買契約や就職もできない，行為無能力者の地位に置かれていた。

　第二波フェミニズムは，第一波フェミニズムが参政権の獲得によって収束した後に，1960〜70年代の欧米圏で始まる。ここで主に問われたのは，第一波フェミニズムを経て法的に男女の地位が平等になったにもかかわらず，性別役割分業をはじめ，女性がなぜ社会的，経済的に従属的な地位に置かれているかということだった。

　第二波フェミニズムの火付け役として知られているのが，1963年にアメリカで刊行された，ベティ・フリーダンの著書『新しい女性の創造』である。郊外住宅で豊かな暮らしを送り，幸福であるとされる中産階級の専業主婦が，疎外感や喪失感など「名前のない問題」を抱えて悩んでいることを記した同書は，当時のアメリカ社会で驚きと共感の声をもってむかえられた。郊外の専業主婦たちは家事・育児以外の関心が閉ざされており，彼女らが感じる「名前のない問題」は専門家によって否定的に評価され，場合によっては治療の対象になる。フリーダンはこの問題を，女性たち個人の問題としてではなく，彼女らの生き方を専業主婦や母親としての役割に限定する社会の問題であると論じた。フリーダン自身も郊外の専業主婦で，新聞記者の仕事を辞めて3人の子どもを育てている間に，「名前のない問題」に気づいたという（Friedan [1963] 1977=2004）。

　フリーダンは1966年に全米女性機構（NOW）を結成し，初代会長となる。NOWはデモやロビー活動などを通して，教育や雇用の機会の平等，公営託児所の設置を求める活動を行い，女性の職場進出を推進する一助となった。また第二波フェミニズムにおいては，こうした制度変革を求

める組織だけでなく，女性たちが自身の問題を議論して意識変革を目指す小グループの活動が盛んになった。

こうした第二波フェミニズムの運動を象徴するのが，「個人的なことは政治的である The personal is political」というスローガンである。この言葉は，個人的な悩みと見なされていた女性の問題を公的な場で議論すること，そして家事や育児，介護など家族にまつわる事柄を，政治的，経済的な対象とする回路を切り開いたとされる。

後年に第二波フェミニズムの主張は，白人中産階級の女性の問題意識に限定されていたという批判もなされているが，このスローガンは，われわれの家族にまつわる事柄が社会的，政治的な影響を受けており，変革可能であることを考える視点を提供している。江原由美子は第二波フェミニズムの論点について，「人々が社会活動や職業活動を行いながら，家族生活を維持できるような労働環境・育児環境・介護環境の形成を主張することによって，多様な家族観をもつ人々が多様な家族のあり方を実現できるよう，社会を変えることを主張」（江原 2014: 557）していたとまとめている。

また「家庭」にとどまったとされる専業主婦が，必ずしも政治や社会参加と無縁でなかったことは留意されてもよいだろう。労働市場から排斥された結果ではあるが，日本においては，1970〜80年代の生協活動や住民運動では主婦の役割が大きく，幼稚園や保育所の開設を求める運動なども行われていた。こうした専業主婦は「活動専業主婦」とも呼ばれ，金井淑子は彼女たちついて，「生活から政治にせめのぼる新しい社会運動を志向」しており，労働市場への参画とは違うかたちで，「社会的自立」を模索していたと述べている（金井 1986: 213）。ただしこうした活動は，主婦であることによる時間的な余裕と，夫の稼ぎによる経済的な安定に支えられていたともいわれる。

以上，工業化社会における家族のあり方と，第二波フェミニズム運動を中心に，そこで行われていた家族と政治をつなげる試みを概観してき

た。一言でいえばそれは，工業化社会において家族領域に周辺化されていた女性が，その不平等や抑圧を，「私たち」の問題として政治的に立ち上げていく過程であった。『新しい女性の創造』も，フリーダンが母校の同窓生へインタビューする過程で，「名前のない問題」が同世代の女性に共有されていることを発見して書かれたものである。

　第二波フェミニズムが起きた1960〜70年代から，国によって違いはあるが，欧米先進諸国では女性の労働力参加率は増加し，共働き世帯はめずらしい形態ではなくなっていく。日本でも1986年に男女雇用機会均等法，1999年には男女共同参画社会基本法が施行され，1990年代には共働き世帯が専業主婦世帯の数を上まわった。

　もっともこの変化は，産業構造の転換――工業化社会からポスト工業化社会への移行――と連動して起きていたものでもある。そしてポスト工業化社会においては，これまで見てきた工業化社会の構造に規定されていた家族のあり方が，大きく変化していくのである。

3　ポスト工業化社会における家族と政治

3.1　男性稼ぎ手モデルの揺らぎ

　フランスの政治学者であるブルーノ・パリエによれば，ポスト工業化社会においては，「女性は働き，夫婦は離婚する。また，合計特殊出生率は低下し」，新しい貧困の形態が現れるという（Esping-Andersen and Palier 2008=2008: 180）。ポスト工業化社会の家族は，工業化社会の家族のような安定性を失っている。これはどういうことだろうか。

　ポスト工業化社会とは，一般的には，工業化社会の主軸を担っていた第二次産業（製造業，建設業など）が衰退し，第三次産業（サービス業，情報通信業など）の比重が高まった社会のことをいう。製造業の就業者数を基準にすれば，欧米先進諸国においては1970年代，日本においては1990年代が転換期にあたる。ここでは，工業化社会における男性労働者の雇用の

衰退を中心に，それにともなう家族の変化を追っていこう。

　工業化社会における国内の製造業に見られたような長期雇用の不安定化と関連しているとされているのが，グローバル化の進展とIT技術の進歩である。グローバル化が進むと，製造業の企業は国内の大工場で高賃金の労働者を雇うのではなく，海外の発展途上国に安い労働力を求めるようになる。IT技術は，インターネットを通じた企業のグローバルな経営を支える。要するに，国内の大工場で大量の労働者を長期雇用する必要がなくなっていくのである。たとえば，日本の製造業は，高卒男性の主要な就職先だったが，企業は労働力が安い国に工場を移転していき，2003年には高卒新卒者の求人倍率は0.72倍まで落ち込んだ。

　海外などで安い労働力を確保できると，企業は企画を立てる中核社員を中心に雇うようになる。工業化社会のシンボルであった自動車会社の経営も大きく変わり，たとえばフランスのルノーは，「車のコンセプトを提案する企業」であることを押し出すようになり，自社で製造する部分の割合は大幅に減った（Cohen 2006=2009: 19）。

　中核社員が作成する企画やマニュアル通りに働くのは，海外の発展途上国の労働者のほか，国内の派遣社員やアルバイトなどの周辺労働者となる。IT技術の進歩は製造業の雇用を衰退させるが，新しい仕事も生み出す。たとえば，あなたが通販サイトで何か商品を買うとしよう。あなたが見る商品のページを作成し，また倉庫で商品の配送を担うのは，短期雇用の派遣社員やアルバイトが主である。配送プロセスなどのシステムをつくるのは，中核社員の仕事だ。中核社員がつくるマニュアル通りに働く仕事は，マクドナルドなどのファーストフード店におけるアルバイトの仕事にちなんで，「マック・ジョブ」とも呼ばれる。こうした仕事では，中核社員のような高収入が保障されず，低賃金の非正規雇用が中心となる。20世紀後半の先進諸国で起きた工業化社会の転換についてよく指摘されるのは，このような雇用の二極化と格差の増大である。

　こうして雇用が不安定化すると，工業化社会に形成された男性稼ぎ手

モデルは成り立ちにくくなっていく。またポスト工業化社会においては，工場労働よりもコーディネーターや販売スタッフなどのサービス業や知的労働の比重が高まるため，女性が労働市場に参画しやすくなるといわれる。ベックとエリーザベト・ベック＝ゲルンスハイムは，1960〜70年代以降の欧米先進諸国において，女性の労働力参加率の上昇だけでなく，離婚率の上昇が見られたことをふまえ，現代の夫婦は両者ともに職業生活と家庭生活を重視しており，利害関係が衝突していると述べた（Beck and Beck-Gernsheim 1995）。

パリエがポスト工業化社会の家族について述べたのは，以上のような産業構造の転換によって，男性稼ぎ手モデルの安定性が崩れたことである。日本についていえば，2000年代以降の女性の就業率の増加は，有配偶女性の労働力参加率の増加によるものであり，夫の所得低下を補うために非正規雇用に就いたためといわれる（筒井 2015）。

雇用の不安定化は，未婚化にも関わっている。松田茂樹によれば，1990年代以降の日本の未婚化の大きな要因は「若年層の雇用の劣化」であり，とくに男性においては，非正規雇用で収入が低く不安定であることが結婚を難しくしているという（松田 2013）。また大和礼子は，非正規雇用の女性は正規雇用の男性との結婚を目指すが，職場で出会う機会が少ないため，結果的に結婚する確率が低下する傾向があると述べる（大和 2015）。雇用の二極化と格差の増大は，未婚化と晩婚化，ひいては少子化まで連なっていく。

とはいえ，ポスト工業化社会において男性稼ぎ手モデルの安定性が揺らぐことは，先進諸国が共通して経験していることである。しかし各国の社会政策の対応によって，その帰結は異なる。以下では，デンマークの社会学者であるイエスタ・エスピン＝アンデルセンが提唱した福祉レジームの類型を軸に，その違いを見ていこう。

3.2　ポスト工業化社会への対応

エスピン゠アンデルセンによれば，戦後の先進諸国の社会政策は家族主義に依拠しており，「男性は家族を養い，配偶者である女性は家庭に納まるという前提からスタートした」（Esping-Andersen and Palier 2008=2008: 8）。つまり，工業化社会における男性稼ぎ手モデルが前提となっていた。育児や介護などの主な責任は家族に割りあてられる面が強く，とりわけ女性の役割とされていた。

だがポスト工業化社会に移行して，男性稼ぎ手モデルが揺らぎ，女性の社会進出が進むと，こうした家族主義的な制度設計は成り立たなくなっていく。そしてエスピン゠アンデルセンによれば，保育などの支援が少なく，女性の就労が難しい国ほど，少子化などの結果に陥りやすいという。アンデルセンは1970年代以降の欧米先進諸国の歩みを，3つの福祉レジームに分けて類型化している（Esping-Andersen 1999=2000）。

1つ目は，アメリカに代表される自由主義レジームである。このタイプのレジームは，自由市場を重視することに特色がある。産業構造の転換とともに労働市場の規制緩和が進んだため，雇用の二極化と格差の増大が進行しやすい。福祉は保険商品など市場を通じたサービスの利用が中心で，子育てなどの経済的負担も大きくなる。とはいえアメリカなどでは，産業構造の転換にあたって女性の社会進出が進み，共働き世帯で高額な養育費を負担するモデルが一定程度は成立した。経済的に余裕がある家庭はナニー（ベビーシッター）を雇い，中流家庭であればデイケア（保育園）に子どもを預けるなど，各々の所得と事情に応じて家族外のサービスを選択する。

2つ目は，スウェーデンやデンマークなどの北欧諸国に見られる社会民主主義レジームである。このタイプのレジームは，税金の負担は重いが，包括的な社会保障で格差の縮小を目指す。産業構造の転換には，職業訓練などの支援を通して新産業への雇用をうながすほか，公共部門で福祉のサービス職（女性雇用に偏る）を増設したことで対応したといわれる。

子どもや高齢者への福祉は，自由主義レジームのように市場化にまかせるのではなく，国家がその責任を分担する。そのため家族の負担は軽減されており，女性が仕事と育児を両立しやすいとされている。

3つ目は，ドイツや南欧などに見られる保守主義レジームであるが，ポスト工業化社会への移行で困難に直面しやすいとされるのがこのレジームである。このタイプのレジームは，社会保障が企業や職業，地域ごとに細かく分かれており，男性稼ぎ手モデルを前提とする傾向がある。産業構造の転換にあたっては，男性世帯主の就業を保護したため，新規採用が抑制され，女性の雇用の拡大はあまり進まなかった。市場や国家による育児サービスも十分ではなく，仕事と育児の両立がしにくいといわれる。また新規採用の抑制のため，若年層の失業率も高く，経済的に不安定な若者による親元同居の長期化も進行しやすい。保守主義レジームの中でも，とりわけイタリアなど家族主義が強いとされる南欧諸国においては，少子化と親元同居の長期化の傾向が著しく現れている。

日本がどのレジームに属するかについては見解が分かれており，エスピン＝アンデルセンは自由主義レジームと保守主義レジームの混交と捉えている。エスピン＝アンデルセンが日本についてとくに指摘するのは，家族主義の強さである。日本においては高度成長期に，企業で手厚い保護を受ける正規雇用の男性労働者と，家庭で家事や育児を無償で引き受ける専業主婦という，男性稼ぎ手モデルが確立した。このような性別役割分業のもとで，企業福祉と家族福祉に支えられる仕組みは，「日本型生活保障システム」と呼ばれる（仁平 2014）。

現在の日本で起きているのは，この日本型生活保障システムが成り立ちにくくなっていることである。1970年代に欧米圏の先進諸国が，ポスト工業化社会への移行に対応して異なる道を歩みはじめている間，日本政府は「日本型福祉社会」を提唱していた。しかし，これは実質的には，国家の福祉の支出を抑え，企業と家族で生活保障を担うというものであった。その後，グローバル化の波が徐々に押し寄せ，1990〜2000年代

を通して非正規雇用は拡大し，男性稼ぎ手モデルを実現できる層は限られていく。一方で，1990年代以降は正規雇用の男性の賃金も伸び悩むようになり，妻が非正規雇用の仕事で家計を支える家庭も増えていった。

冒頭で取り上げた待機児童問題も，この非正規雇用の増加が関連しているといわれる。もともと日本の保育園は，夫婦ともに正規雇用である世帯が有利な制度であり，非正規雇用の世帯は優先順位が低くなりがちである。また非正規雇用の女性は，育児休業などの制度が職場で整っておらず，低年齢児からの利用意向も高まる傾向にある（前田 2016）。総じて，日本においてはまだ，男性稼ぎ手モデルが揺らぐポスト工業化社会への対応が十分にとられていないといえる。

4　家族と政治の再編

4.1　信頼の構築

以上，ポスト工業化社会における家族のあり方と社会政策，そして日本の現状を概観してきた。一言でいえば，ポスト工業化社会における家族をめぐる状況は，工業化社会に形成された男性稼ぎ手モデルの安定性が揺らぎ，不安定性が増大したことに特徴づけられる。20世紀半ばの社会構造に規定されていた家族生活を，だれしもが「当たり前」に送ることが難しくなった状況といってもいいだろう。

ベックとベック=ゲルンスハイムは，このような不安定性の増大の裏面にもう1つの変化を見出している。それは，選択可能性の増大である。すなわち，従来の家族のあり方が揺らぐ中で，そのモデルによらない生活スタイルがありうることが人びとに意識されるようになったのである（Beck & Beck-Gernsheim 2001）。

選択可能性の増大がもたらす結果について，パートナー関係を例に考えてみよう。あなたがパートナーに家庭にいてほしいと考えていても，相手は仕事と家庭を両立することを望んでいるかもしれない。あるいは

あなたが家庭にいることを望んでいても，パートナーはむしろ働いて家計を助けてほしいと考えているかもしれない。かつてのような，「家族であればこうしてくれる」という期待を相手に押しつけることは，場合によってはトラブルの原因にもなる。

　ポスト工業化社会において，これまでの家族のあり方を前提とすることがかえって逆効果になることは，社会政策においても同様である。たとえば，女性の社会進出の進行に対して，性別役割分業を前提とする制度を維持しつづけても，それは必ずしも有効な解決策とはならない。現在の日本の女性は，夫の所得だけでは家計が成り立たないために働きに出るケースも多く，共働きでなければかえって生活が不安定になる。

　つまり私たちは，これまでの家族のあり方が揺らいでいる中で，パートナー関係など身近な共同生活や，それを取りまく社会や政治を新たにつくり直していくことが求められているのである。もちろんそれには，経済など幅広い問題が関わっているため，万能な解決策はない。とはいえ，多くの社会学者がその第一歩として挙げているのは，「信頼」を新たにつくっていくことである。

　たとえばパートナー関係においては，性別だけで判断して役割を決める，あるいは相手の決定にすべてを委ねるのではなく，自ら働きかけながら関係性をつくっていくことが重要となる。そのためには，お互いの立場と選択の自由を認めた対話が不可欠だ。イギリスの社会学者であるアンソニー・ギデンズは，このように自立性をもって獲得していく関係性を，「能動的信頼」と呼んでいる (Giddens 1994=2002)。

　そしてギデンズによれば，こうした「能動的信頼」の重要性は，パートナー関係だけでなく，政治の場にもあてはまる。たとえば，冒頭で取り上げた抗議活動などの声に対しては，無視あるいはこれまでの制度を押しつけるのではなく，耳を傾けて対話をする姿勢が必要になる。

　声をあげる手段は，デモや社会運動に限られるわけではない。冒頭で取り上げた国会前のデモのきっかけがブログ記事だったように，SNSな

どで困難な状況を発信するのも有効な手段となりうる。また社会や政治の場に直接発信するだけでなく，あなたがパートナーと話すことも，問題意識を共有する足がかりになるだろう。そして，その問題意識を共有できる人があなたのパートナー以外にもいて，その人たちとつながることができれば，共同して問題を解決する道も開けるかもしれない。

　これらはすなわち，問題を共有する「私たち」をつくっていくということである。ポスト工業化社会においては，これまでの家族のあり方が揺らぎ，不安定性と個人の選択可能性が高まる。そこで，これまでのあり方を押しつける，あるいは個人や各々の家族の事情としてのみすませるのではなく，問題を共有する「私たち」をつくり，解決のための場を開いていくことが，その揺らぎに対処するための一歩となりうるのである。

4.2　再編にむけて

　では，連帯の回路を開くとして，具体的にはどのような取り組みが考えられるだろうか。ここでは，これまで家族に委ねられていた機能や役割を，社会的に分担することについての基本的なコンセプトを取り上げていく。

　まず，制度の設計を見よう。エスピン゠アンデルセンが強調するのは，ポスト工業化社会への移行で，女性が労働市場に参画してきた「女性革命」に対応することだ。具体的には，子どもや高齢者への福祉を発展させ，女性の就労と男女平等の達成を公的責任で支援することである。

　これは，女性の就労を促進するだけのものではない。エスピン゠アンデルセンによれば，このような支援は，共働き世帯の増加を促し，子どもの貧困リスクを軽減させるばかりでなく，社会保障の拡充のための税収の増加や年金の財源確保にもなる。つまり，ポスト工業化社会における格差の是正にもつながるという。もちろんこの「女性革命」への対応としては，国家による福祉だけでなく，企業における勤務時間の改善など，男女ともに仕事と家庭を両立しやすい環境を整えることも重要となる

(Esping-Andersen and Palier 2008=2008)。

　国家による制度の設計だけでなく，地域社会や市民社会との連携も選択肢の1つとなる。具体的には，近隣の保護者たちが共同でつくる保育施設のほか，NPOによる育児や介護への支援などが挙げられる。たとえば，国家による福祉が手厚いとされるデンマークでも，親たちによって運営されている保育施設は少なくない。これには子育ての場をつくることだけでなく，親たちの孤立を防ぐことや，施設の運営についての不満を解消しやすいなどのメリットがあるという（池本編 2014）。日本についていえば，子育て中の保護者が運営する学童保育クラブなどが例として挙げられ，同様のメリットが示唆されている（伊部 2010）。

　ほかにも，具体的な取り組みにはさまざまなものがありうるだろう。しかし共通していえるのは，これらはある日突然に私たちに与えられるのではなく，私たちが日常的に関心をもち，時には参加し，また声を発信しなければ，十分に機能することができないということである。

　このように書くとハードルが高いと感じられるかもしれない。しかしその営みは，あなたがどのような共同生活を望んでいるかを，あなたが生活をともにしたい人と話すことから始めることもできるだろう。なぜなら，家族と，家族を取りまく社会や政治を変えていく原動力となるのは，結局のところ，そのような意思や相互作用の集積だからである——注2。

注2——アメリカの政治哲学者であるナンシー・フレイザーは，具体的なニーズを制度の側に組み込んでいく過程こそが政治であると述べる（Fraser 1989）。ただしフレイザーも指摘するように，その政治に参加するには，経済力や情報発信能力などが必要で，その資源が乏しい人たちへの配慮が求められる。

参考文献

Beck, Ulrich, 1986, *Risikogesellschaft auf dem Weg in eine andere Moderne*, Frankfurt: Suhrkamp.（＝1998，東廉・伊藤美登里訳『危険社会——新しい近代への道』法政大学出版局）

Beck, Ulrich and Elisabeth Beck-Gernsheim, 1995, *The Normal Chaos of Love*, Cambridge: Polity.

———, 2001, *Individualization: International and its Social and Politial Consequence*, Thousand Oaks: Sage.

Cohen Daniel, 2006, *Trois leçons sur la société post-industrielle*, Paris: Éditions du Seuil.（＝2009，林昌弘訳『迷走する資本主義——ポスト産業社会についての3つのレッスン』新泉社）

江原由美子，2014，「フェミニズムと家族」『社会学評論』64（4）: 553-71.

Esping-Andersen, Gøsta, 1999, *Social Foundations of Postindustrial Economies*, Oxford/New York: Oxford University Press.（＝2000，渡辺雅男・渡辺景子訳『ポスト工業経済の社会的基礎——市場・福祉国家・家族の政治経済学』桜井書店）

Esping-Andersen, Gøsta and Bruno Palier, 2008, *Trois leçons sur l'État-providence, Document Transcript,* Paris: Seuil.（＝2008，林昌宏訳『アンデルセン，福祉を語る——女性・子ども・高齢者』NTT出版）

Fraser, Nancy, 1989, *Unruly Practices: Power, Discourse and Gender in Contemporary Social Theory*, Minneapolis: University of Minnesota Press.

Friedan, Betty, [1963] 1977, *The Feminine Mystique*, New York: W. W. Norton & Company.（＝2004，三浦冨美子訳『新しい女性の創造　改訂版』大和書房）

藤田結子，2016，「『保育園落ちた！』絶望を上司と政治家は理解できない」（2016年7月28日取得：http://mainichi.jp/premier/business/articles/20160324/biz/00m/010/004000c）.

Giddens, Anthony, 1994, *Beyond Left and Right: The Future of Radical Politics*, Cambridge: Polity Press.（＝2002，松尾精文・立松隆介訳『左派右派を超えて——ラディカルな政治の未来像』而立書房）

伊部恭子，2010，「学童保育における子育て・家族支援の課題」『社会福祉学部論集』6: 1-18.

池本美香編，2014，『親が参画する保育をつくる——国際比較調査をふまえて』勁草書房.

金井淑子，1986，「『自由』のフェミニズムから『解放』のフェミニズムへ」社会主義理論フォーラム編『挑戦するフェミニズム』社会評論社，196-215.

前田正子，2016，「待機児童問題の視点（上）需要側からも解決策探れ，1～2歳児保育，優先」（日本経済新聞「経済教室」2016.4.14）.

松田茂樹，2013，『少子化論——なぜまだ結婚，出産しやすい国にならないのか』勁草書房.

仁平典宏，2014，「生活保障——ネオリベラル化と普遍主義化のはざまで」小熊英二編著『平成史　増補新版』河出書房，267-364.

Reich, B. Robert, 2000,*T he Future of Success: Working and Living in the New Economy*, New

York: Vintage Books.(＝2002, 清家篤訳『勝者の代償——ニューエコノミーの深淵と未来』東洋経済新報社)
筒井淳也, 2015,『仕事と家族——日本はなぜ働きづらく, 産みにくいのか』中央公論新社.
山田昌弘, 2005,『迷走する家族——戦後家族モデルの形成と解体』有斐閣.
大和礼子, 2015,「結婚」岩間暁子・大和礼子・田間泰子『問いからはじめる家族社会学——多様化する家族の包摂に向けて』有斐閣, 77-108.

おわりに

　「この本の構成とねらい」で，この本の最大のねらいは，家族社会学という学問の魅力，社会学的な視点から家族について考えることの楽しさをみなさんに伝えることだと書きました。そのねらいは達成されたでしょうか？　家族社会学を少しは好きになっていただけたでしょうか？
　もしそうでなかったとしたら，それはひとえに編者の力不足によるものですので，ただただお詫びするしかありません。しかし，幸いにして，この本を面白いと思っていただけたのだとしたら，次に私がお伝えしたいのは，入門はあくまで入門にすぎないということです。今度は，ぜひ，気に入った章の執筆者が書いた別の本や論文を手にとってみてください。また，その章で参考にされている文献のうち，気になったものを読むのもよいでしょう。それから，『家族社会学研究』や『家族研究年報』などの家族社会学に関連する学術雑誌の内容は，ウェブ上に公開されていますから，どういう論文が掲載されているのか簡単にチェックできます。この本が，みなさんのさらなる学びのきっかけになることを心から願っています。

さて，この本の企画は，自分が実際に授業で使おうと思える教科書をつくりたいという相談を，松木が永田さんにもちかけた2015年5月から始まっています。

　その後，2人で相談のうえ，家族社会学の魅力を読者にわかりやすく伝えてくれそうな研究者，社会学的な視点から家族を考えることの楽しさが書かれた論考から伝わってくる研究者に声をかけて，本書の大枠ができあがってきました。この企画が立ち上がる前にはあまり編者と交流がなかった方もいらっしゃいますが，趣旨に賛同してご協力いただくことができました。この場を借りて，ご多忙のなか，執筆を引き受けてくださったことにお礼を申し上げます。

　最後に，新泉社の竹内将彦さんは，松木が企画をもちこんだところ，即座に出版を引き受けてくださり，刊行に至るまで温かくサポートしてくださいました。あらためて，本当にありがとうございました。

2017年1月30日

編者　松木洋人

執筆者紹介

松木洋人（まつき・ひろと） 編・第1章

早稲田大学人間科学学術院教授．おもな著作・論文 『子育て支援の社会学——社会化のジレンマと家族の変容』新泉社，2013．／松木洋人・中西泰子・本多真隆編著『基礎からわかる社会学研究法——具体例で学ぶ研究の進めかた』ミネルヴァ書房，2023．／木戸功・松木洋人・戸江哲理編『日本の家族のすがた——語りから読み解く暮らしと生き方』青弓社，2024．

永田夏来（ながた・なつき） 編・第2章

兵庫教育大学大学院学校教育研究科教授．おもな著作・論文 筒井淳也・永田夏来・松木洋人編『岩波講座社会学 第10巻 家族・親密圏』岩波書店，2024．／高橋幸・永田夏来編『恋愛社会学——多様化する親密な関係に接近する』ナカニシヤ出版，2024．／「結婚を再構築する若者たち——少子化対策と『結婚ハック』」『現代思想 特集＝〈子ども〉を考える』52 (5)，2024．

野田 潤（のだ・めぐみ） 第3章

東洋英和女学院大学人間科学部准教授．おもな著作・論文 「『子どものため』という語りから見た家族の個人化の検討——離婚相談の分析を通じて（1914〜2007）」『家族社会学研究』20 (2)，2008．／品田知美・野田潤・畠山洋輔『平成の家族と食』晶文社，2015．／「家族の近代と親密性の論理」筒井淳也・永田夏来・松木洋人編『岩波講座社会学 第10巻 家族・親密圏』岩波書店，2024．

齋藤曉子（さいとう・あきこ） 第4章

近畿大学総合社会学部准教授．おもな著作・論文 「高齢者介護における個別的配慮をめぐるジレンマ——ホームヘルプサービスを事例として」『社会保障研究』7 (2)，2022．／「受ける側からみる介護」三井さよ・鈴木智之編『ケアのリアリティ——境界を問いなおす』法政大学出版局，2012．／『ホームヘルプサービスのリアリティ——高齢者とヘルパーそれぞれの視点から』生活書院，2015．

吉田 崇（よしだ・たかし） 第5章

静岡大学人文社会科学部教授．おもな著作・論文　「世代間所得移動からみた機会の不平等」石田浩・近藤博之・中尾啓子編『現代の階層社会2　階層と移動の構造』東京大学出版会，2011．／「若年女性の初期キャリアとライフコースの動態」『社会学研究』90，2012．／「家族構造と進学問題」尾嶋史章・荒牧草平編『高校生たちのゆくえ』世界思想社，2018．

藤間公太（とうま・こうた） 第6章

京都大学大学院教育学研究科准教授．おもな著作・論文　土屋敦・藤間公太編著『社会的養護の社会学——家庭と施設の間にたたずむ子どもたち』青弓社，2023．／遠藤久夫・野田正人・藤間公太監修，国立社会保障・人口問題研究所編『児童相談所の役割と課題——ケース記録から読み解く支援・連携・協働』東京大学出版会，2020．／『代替養育の社会学——施設養護から〈脱家族化〉を問う』晃洋書房，2017．

保田時男（やすだ・ときお） 第7章

関西大学社会学部教授．おもな著作・論文　「年の差きょうだいはなぜ増えているのか——第2子出生タイミングのイベントヒストリー分析」筒井淳也・長松奈美江・神林博史・藤原翔・渡邉大輔編『計量社会学入門——社会をデータでよむ』世界思想社，2015．／稲葉昭英・保田時男・田渕六郎・田中重人編『日本の家族1999-2009——全国家族調査［NFRJ］による計量社会学』東京大学出版会，2016．／筒井淳也・水落正明・保田時男編『パネルデータの調査と分析・入門』ナカニシヤ出版，2016．

阪井裕一郎（さかい・ゆういちろう） 第8章

慶應義塾大学文学部准教授．おもな著作・論文　『結婚の社会学』筑摩書房，2024．／『事実婚と夫婦別姓の社会学（改訂新版）』白澤社，2022．／『仲人の近代——見合い結婚の歴史社会学』青弓社，2021．／「家族の民主化——戦後家族社会学の〈未完のプロジェクト〉」『社会学評論』63（1），2012．

田中慶子（たなか・けいこ） 第9章

明治学院大学社会学部付属研究所研究員．おもな著作・論文　「未婚者のサポート・ネットワークと自立」岩上真珠編『〈若者と親〉の社会学』青弓社，2010．／「若年未婚『家族外生活者』にみる家族変動」『成城大学社会イノベーション研究』10（2），2015．／（共著）「中期親子関係の良好度」稲葉昭英ほか編著『日本の家族1999-2009——全国家族調査［NFRJ］による計量社会学』，2016．

齋藤直子（さいとう・なおこ） 第10章

大阪教育大学総合教育系特任准教授．おもな著作・論文　『結婚差別の社会学』勁草書房，2017．／「都市部落のコミュニティを維持しているのは誰なのか」岸政彦編『生活史論集』ナカニシヤ出版，2022．／「交差性をときほぐすさ――部落差別と女性差別の交差とその変容過程」『ソシオロジ』66（1），2021．

三部倫子（さんべ・みちこ） 第11章

奈良女子大学研究院人文科学系准教授．おもな著作・論文　「『家族』からの離れがたさ――セクシュアルマイノリティの『病院での面会』から」『支援』3，2013．／『カムアウトする親子――同性愛と家族の社会学』御茶の水書房，2014．／「日本におけるセクシュアル・マイノリティの『家族』研究の動向――2009年以降の文献と実践家向けの資料を中心に」『家族研究年報』41，2016．

戸江哲理（とえ・てつり） 第12章

神戸女学院大学文学部准教授．おもな著作・論文　『和みを紡ぐ――子育てひろばの会話分析』勁草書房，2018．／「小史・日本の家族社会学におけるエスノメソドロジー・会話分析の展開――1990年代から2010年代まで」『神戸女学院大学論集』68（1），2021．／木戸功・松木洋人・戸江哲理編『日本の家族のすがた――語りから読み解く暮らしと生き方』青弓社，2024．

本多真隆（ほんだ・まさたか） 第13章

立教大学社会学部准教授．おもな著作・論文　『家族情緒の歴史社会学――「家」と「近代家族」のはざまを読む』晃洋書房，2018．／『「家庭」の誕生――理想と現実の歴史を追う』筑摩書房，2023．／松木洋人・中西泰子・本多真隆編著『基礎からわかる社会学研究法――具体例で学ぶ研究の進めかた』ミネルヴァ書房，2023．

入門 家族社会学

2017年4月1日　第1版第1刷発行
2025年4月10日　第1版第4刷発行

編者　　永田夏来・松木洋人
発行　　新泉社
　　　　東京都文京区湯島 1-2-5　聖堂前ビル
　　　　tel 03-5296-9620　　fax 03-5296-9621
印刷・製本　萩原印刷株式会社

ISBN978-4-7877-1704-7　C1036

本書の無断転載を禁じます。本書の無断複製（コピー、スキャン、デジタル化等）ならびに無断複製物の譲渡および配信は、著作権法上での例外を除き禁じられています。本書を代行業者等に依頼して複製する行為は、たとえ個人や家庭内での利用であっても一切認められていません。

新泉社の本
…

子育て支援の社会学
社会化のジレンマと家族の変容
松木洋人 著
四六判上製・276頁・2500円＋税

概念としての家族
家族社会学のニッチと構築主義
木戸 功 著
四六判上製・260頁・2200円＋税

子育て支援　制度と現場
よりよい支援への社会学的考察
白井千晶・岡野晶子 編著
A5判・288頁・2500円＋税

新版 家族構成
戸田貞三著・喜多野清一 解説
四六判上製・420頁・4500円＋税